GÜTERSLOHER
VERLAGSHAUS

ALEXA HENNIG VON LANGE MARCUS JAUER

STRESST IHR NOCH ODER LIEBT IHR SCHON?

WARUM **FAMILIE** NICHT DAS PROBLEM IST, SONDERN DIE **LÖSUNG.**

GÜTERSLOHER VERLAGSHAUS

INHALT

STRESST IHR NOCH ODER LIEBT IHR SCHON?

Vorwort

von Alexa Hennig von Lange und Marcus Jauer

Es ist witzig. Sobald Eltern irgendwo erzählen, dass sie Kinder haben, werden sie mitleidig angesehen. Es fallen Sätze wie: »Oh, das ist bestimmt anstrengend!« Oder: »Ist das nicht total nervig?« Als seien diese Erwachsenen in einen richtigen Schlamassel hineingeraten, der erst wieder vorbei ist, wenn die gerade erst geborenen Kinder endlich aus dem Haus sind.

Dabei sind wir Eltern es doch, die sich dazu entschieden haben, eine Familie zu gründen und Kinder zu bekommen. Warum tuen wir uns und allen anderen dann trotzdem so leid? Als hätten wir uns durch die Elternschaft von unseren einstigen Lebensträumen verabschiedet. Warum fühlen wir uns im eigenen Heim gefangen und geben unseren Partnern die Schuld daran, als hätten sie uns zu dieser Familie gezwungen? Warum sagen wir dauernd solche Sätze wie: »Ich brauch dringend mal eine Auszeit!«

Weil die Sehnsucht, vor den eigenen Kindern, der Partnerschaft, dem Familienleben flüchten zu können, längst zum allgemeinen Konsens gehört.

Scheinbar automatisch werden wir Erwachsenen zu Müttern und Vätern, die ihren Alltag mühsam bis unerträglich finden. Plötzlich besteht er aus lauter Dingen, die wir uns so nicht vorgestellt haben. Wir könnten durchdrehen, wenn »schon wieder« ein Saftglas umkippt, die Kinderzimmer »schon wieder« so aussehen, als sei eine Bombe eingeschlagen, in Mathe »schon wieder« eine Fünf geschrieben wurde.

Wir wollen das Selbstverständliche nicht akzeptieren: dass Babys nicht nur blumig duften und niedlich schlummern und Teenager heimlich rauchen und im Bad die nassen Handtücher auf dem Boden liegen lassen.

Dieser Widerstand ist in etwa so absurd, wie wenn Christoph Kolumbus sich mitten auf dem Ozean darüber beklagt hätte, dass so eine Entdeckerfahrt echt anstrengend ist. Von wegen: »Leute, ich brauche dringend eine Auszeit!« Jeder hätte ihn sofort für komplett unzurechnungsfähig gehalten!

Der einzige Unterschied zwischen Kolumbus und uns liegt darin, dass wir so tun, als hätten wir mit unserer Elternschaft, unserer Familie keine freie Wahl getroffen. Oder als würde ausgerechnet mit unserer Familie etwas nicht stimmen. Wir beklagen uns darüber, dass unsere Kinder sich weniger »im Griff« haben als wir uns selbst. Wir erziehen mit schlechter Laune anstatt mit Liebe. Wir sind es leid, unsere Santa Maria durch die Nacht und sämtliche Unwetter zu segeln, im ständigen Auf und Ab mit unseren Partnern, wer hier eigentlich das Sagen und wer die Mehrarbeit hat.

Warum feiern wir Mütter und Väter nicht in uns den großen und mutigen Abenteurer Christoph Kolumbus, der sich entschlossen aufmachte, seinen Lebenstraum von Freiheit zu erfüllen? Hat Christoph Kolumbus jemals gesagt: »Wenn ich das gewusst hätte, wäre ich nie losgefahren«?

Er hat sich in sein Abenteuer gestürzt, obwohl er wusste, dass es enorme Herausforderungen mit sich bringen würde. Das liegt in der Natur des Abenteuers. Er hat dafür die volle Verantwortung übernommen. Mit Sicherheit hätte er es als Beleidigung seiner Autorität empfunden, wenn ihm irgendjemand mitleidig auf die Schulter geklopft und gesagt hätte:

»So ein Sturm ist bestimmt nervig!« Oder: »Wie kommst du nur mit dieser minderbemittelten Mannschaft klar?«

Elternschaft ist nichts anderes als die glorreiche Fahrt mutiger Abenteurer, die mit der ihr anvertrauten Mannschaft in See stechen. Mal weht kein Lüftchen, dann fegt wieder ein heftiger Orkan über uns hinweg. Auch auf unserem Schiff gibt es Meutereien und furchtbare Epidemien. Vielleicht bricht sogar mal der Mast. Doch genau wie Kolumbus sollten wir niemals an unserem Ziel zweifeln oder uns klagend das Steuerrad aus der Hand nehmen lassen.

Genau wie von Kolumbus, hängt von uns Eltern das Gelingen unserer Reise ab. Er hatte eine Vision. Wir haben eine Vision. Er hatte die Verantwortung. Wir haben die Verantwortung. Hätte Kolumbus sich gegen seine Mannschaft gewendet, so, wie wir uns gelegentlich gegen unsere eigene Familie wenden, hätte sein Schiff nicht mal den Hafen verlassen und er niemals das Unglaubliche entdecken können. Solange er entschlossen war, waren es alle anderen auch. Seine Begeisterung, Teil von etwas ganz Großem zu sein, hat ihn zum unsterblichen Helden gemacht. Er hatte sich ins Ungewisse begeben, um eine neue Welt zu entdecken. Aufgeben, umdrehen kam nicht in Frage.

Bevor wir mit unseren Familien Schiffbruch erleiden, sollten wir an unsere Kraft, an unsere Freude, an unsere Gemeinschaft und an unseren einstigen Lebenstraum von etwas ganz Großem denken und darauf vertrauen, dass unsere Herzen – unser innerer Kompass – uns leiten werden. Mit jeder Herausforderung werden wir stolzer und sicherer werden. Egal, ob »echte« oder Patchworkfamilie – wir Mütter und Väter, unsere Kinder werden eine Entdeckung machen von unglaublicher Schönheit, Weisheit und Freude. Wir werden vor Anker gehen in einer Welt voller Freiheit, Liebe und wahrer Partnerschaft. Machen wir uns auf – in eine neue Welt mit unseren Kindern.

IM NAMEN ALLER FRAUEN

Alexa erzählt davon,
dass Emanzipation noch lange nicht ein größeres Maß an Freiheit bedeutet.

Als meine erste Tochter Lilly geboren wurde, war ich noch ziemlich jung. Eine alleinerziehende, total selbstbestimmte Mutter zu sein, war Teil meines feministischen Lebensplans. So wie Madonna, die sich kurzerhand von dem vorbeijoggenden Fitnesstrainer »Carlos Leon« ein Baby hatte machen lassen, um es dann allein aufzuziehen. Ich stellte mir so ein *Alleinerziehenden*-Dasein ziemlich cool und unkompliziert vor. Außerdem entsprach das direkt dem Traum meiner Mutter, die während meiner Jugend immer mal wieder festgestellt hatte, dass es unmöglich war, mit meinem Vater Lösungen zu finden, die nicht auf ihre Kosten gingen. Ihre Lieblings-Parole lautete: »Heiratet bloß nicht, Kinder!«

Die Umsetzung schien so einfach. Als müsste ich mir nur ein dickes, weiches Sofakissen unters T-Shirt stopfen – schon hätte auch ich ein Kind. Nun ja, viel schwerer war es tatsächlich nicht. Als entschlossene junge Frau ging es überraschend leicht, visionäre Lebenspläne in die Tat umzusetzen. Umso schockierter war ich, als sich kurz nach dem Durchführen des positiven Schwangerschaftstests eine nicht mehr zu steuernde Naturkatastrophe in Gang setzte.

Schon im dritten Monat taumelte ich wie ein schwerfälliges, von Sodbrennen gebeuteltes Teletubbie in der Gegend herum und musste meine schmerzenden Unterschenkel beim Schlafen auf einem Getränkekasten ablegen – ein harmloser

Vorgeschmack auf das, was mich und meine Emanzipation noch erwarten würde.

Weit entfernt – auf einem ganz anderen Stern – saßen meine Freundinnen leichtfüßig in Cafés herum, schmissen Studenten-Partys in neuen H&M-Fummeln und tranken billigen Fusel bis zum Abwinken, bevor sie einen Mann finden und für immer in den Hafen der Ehe einlaufen würden. Unter ihnen kam ich mir nicht mehr fortschrittlich und mutig vor, sondern einfach nur wie ein einsames, riesiges, unförmiges Neutrum.

Mit fünfzehn Jahren hatte ich schon einmal über achtzig Kilo gewogen. Damals hatte ich mich ähnlich gefühlt und es mithilfe der Brigitte-Diät und anschließender Magersucht geschafft, mein Wunschgewicht zu erreichen, und mir geschworen, mich nie wieder so weit von meinem Idealbild als weltgewandte, moderne, aufgeklärte junge Frau zu entfernen. Diese Selbstkontrolle hatte sich so unglaublich nach Freiheit angefühlt. Als könnte ich alles erreichen, was immer ich wollte. Und das hatte ich ja auch: Ich war schwanger und allein.

Nachdem meine Tochter Lilly auf die Welt gekommen war, sahen mich auf der Mutter-Kind-Station des Krankenhauses nicht nur die anderen frischgebackenen Mütter, sondern auch Schwestern und Ärzte mitleidig an. Mehr als zwölf Stunden lang hatte ich in *Agonie* den gesamten Klinikkomplex zusammengebrüllt. Ein Panzer war über mich hinweg gerollt, eine Handgranate war in mir explodiert, ich hatte meiner Hebamme kräftig in die Hand gebissen und sie angefleht, mir die Kugel zu geben.

Ich hatte genug von der übermächtigen Natur, der ich mich während der letzten neun Monate und der Geburt notgedrungen hatte unterwerfen müssen. Ich wollte so schnell wie möglich zurück zu den gewohnten Abläufen. Zurück zu meinem *alten* Selbstbild. Zurück zur Kontrolle. Zurück zu meinem unabhängigen *Ich*. Vorsorglich hatte ich meine Röhrenjeans in meine Krankenhaustasche gepackt, im Glauben daran, nach der Geburt sofort wieder hineinzupassen. Ich bekam die Jeans nicht einmal über die Knie gezogen.

Ich war so erleichtert, als ich endlich wieder zu Hause war und meine Hebamme Elke kam, um mir – wie ich dachte – ein bisschen Mut zuzusprechen. Stattdessen tat sie alles, um mich noch mehr in eine Zwangslage zu manövrieren. Tatenlos sah ich aus der linken oberen Zimmerecke zu, wie Elke sich abmühte, meine sterbliche Hülle zum Stillen zu bringen. Zuerst kamen noch Freundinnen vorbei, um sich mein niedliches Baby anzusehen. Meist, wenn Lilly und ich gerade in einen unruhigen Mittagsschlaf gefallen waren. Mit strähnigen Haaren schleppte ich mich zur Tür, klappte mit letzter Kraft meine Augendeckel hoch, während mein kleiner Engel am anderen Ende des Flures schon wieder in seiner Wiege schrie.

Irgendwann fiel ich meiner großen Schwester erschöpft in die Arme, als sie mit einem Kuchen vor der Tür stand. »Ich will mich einfach nur mal zwei Minuten frei bewegen! Ist das denn zu viel verlangt?« Ich heulte furchtbar und ich kam mir vor wie der Mann in der eisernen Maske, der schon seit Jahren kein Tageslicht mehr gesehen hatte. Von wegen: alleinerziehend und unabhängig! Ich konnte mich keinen Schritt von meinem Baby entfernen, ohne dass es sofort anfing zu schreien. Es war ja nicht direkt ein Vater da, mit dem ich mir die Sorge um unser gemeinsames Baby teilte. Mit dem ich stolz und glücklich unser Kind heranwachsen sah. Denn: Der blutjunge Papa lebte in einer wilden WG und verfolgte mit Volldampf seine eigenen Lebenspläne – die erst einmal keine Familie vorsahen.

Ich tröstete mich damit, dass ich das Ganze mental überhaupt nur durchhalten konnte, *weil* ich alleine war. Weil ich nicht wie all die anderen Mütter auf dem Spielplatz mit einem Mann verheiratet war, der jeden Morgen ganz entspannt und gut gelaunt zur Tür hinausmarschierte und am Abend ganz entspannt und gut gelaunt wieder hereinkam und fragte: »Und, noch alles frisch?« Ein Mann, der sein ganz normales Leben weiterführte und mir witzige Schoten aus dem Büro erzählte oder sich mit Kollegen zur zweistündigen Mittagspause traf, während ich – wie mit der Zeitmaschine zurück in die 50er Jahre geschossen – den gesamten Haushalt schmiss, unser Baby stillte, einkaufen ging und versuchte, wenigstens ein bisschen was zu arbeiten. Diese ungerechte Aufgabenverteilung hätte mir definitiv so richtig den Rest gegeben.

Vermutlich war genau das der Grund gewesen, warum meine Mutter meiner Schwester und mir eingebläut hatte, dass Kinder haben ohne Mann stressfreier sei. Sie war es leid gewesen, meinem Vater beim Kommen und Gehen zuzusehen, während sie sich um uns Kinder kümmerte, obwohl auch sie gerne mehr gearbeitet hätte. Aber ein Kind vierundzwanzig Stunden am Stück ohne Zeugen zu betreuen war auch nicht gerade emanzipiert.

Vier Jahre später – als ich frisch verheiratet und mit meinem Sohn schwanger war –, hatte ich verstanden, dass es schöner fürs Kind war, wenn die Eltern zusammenlebten. Was für mich bedeutete, ich konnte jetzt genau in die entgegengesetzte Richtung marschieren und direkt weiterarbeiten. Und zwar richtig. Ich fand es nur gerecht, dass jetzt mal der Papa mit der Babybetreuung betraut war und mir den Rücken freihielt, damit ich – im Namen aller Frauen – karrieretechnisch ordentlich durchstarten konnte. Schließlich verwirklichten wir Frauen uns mindestens so gerne wie Männer durch unsere Arbeit! Mir gefiel die Aufgabenteilung sehr. Ich war viel unterwegs, führte ein abwechslungsreiches Leben, traf jede Menge Leute und kam mir endlich wieder modern und selbstbestimmt vor – nicht so mein damaliger Mann, der wohl zunehmend an seiner neuen Hausfrauen-Rolle zu knapsen hatte, bis er den Spieß umdrehte, plötzlich ununterbrochen unterwegs war und aus mir wieder die schreibende Hausfrau wurde. Und das, obwohl wir uns ursprünglich beide diese Familie gewünscht hatten!

Aus all diesen Erfahrungen ergab sich für mich folgende Frage, als ich geschieden, mit zwei Kindern und alleinerziehend war: »Ist es überhaupt möglich, als Paar Kinder aufzuziehen und seinem Beruf nachzugehen, ohne dass irgendjemand unglücklich ist – oder im schlimmsten Fall die Ehe daran zerbricht?«

WOHER ICH KAM

Marcus erzählt davon,

dass ein Leben als Single noch lange nicht ein größeres Maß an Freiheit bedeutet.

Im Sommer, bevor ich Alexa traf, fuhr ich allein für eine Woche ins Baltikum. Ich lebte damals schon seit längerer Zeit mit niemandem mehr zusammen und hatte auf absehbare Zeit auch nicht vor, das zu ändern. Insofern war diese Reise genau das, was meiner Situation entsprach. Dennoch fühlte es sich ungewohnt an. Ich war noch nie allein in den Urlaub gefahren.

Am Flughafen von Riga mietete ich mir ein kleines Auto, mit dem ich die nächsten sieben Tage herumfuhr. Ich nahm Straßen, die kilometerlang einfach nur geradeaus durch Wälder führten. Manchmal tauchte ein Dorf auf oder Kinder, die vom Angeln kamen. Wo ich es schön fand, hielt ich an. Ich ging in einem Fluss schwimmen, übernachtete in einer Windmühle, und einmal saß ich den halben Tag am Ostseestrand am Lagerfeuer, ohne einen einzigen Menschen zu sehen. Ich glaube, ich kam mir recht bemerkenswert vor in dieser Zeit, wenigstens machte ich mir jede Menge Notizen in ein kleines Buch, das ich eigens zu diesem Zweck vor meiner Abreise gekauft hatte.

Am letzten Tag meiner Reise übernachtete ich in einem Ferienort mit dem Namen Palanga, ohne zu wissen, dass es sich hierbei um den Ballermann Litauens handelt. Alle Hotels waren ausgebucht, und nur durch Zufall fand ich, weit entfernt vom Strand, ein Zimmer in einem Einfamilienhaus, in dem ich mir das Bad mit vier weiteren Urlaubern teilte. Die Familie selbst wohnte im Keller ihrer Pension. Als es Abend wurde, setzte ich mich in ein Café auf der Promenade, das sich nach und nach füllte, und beobachtete die Gäste, während ich hoffte, dass die Kellner niemanden zu mir setzten, bis ich irgendwann das Gefühl bekam, die Gäste beobachteten mich.

Wirkte ich etwa einsam auf sie? Wie jemand, der niemanden gefunden hatte? Sahen sie mir gar nicht an, dass ich es nicht anders wollte? Oder war das für sie nicht zu verstehen – dass jemand absichtlich allein blieb?

Plötzlich kam ich mir vor wie der einzige Single außerhalb von Berlin-Mitte. Wie ein Sportler, dem auf einmal klar wird, dass die Disziplin, für die er täglich so hart trainiert, nirgendwo anders bekannt ist. Aber dann rief ich mir in Erinnerung, wie weit ich in dieser Disziplin schon gekommen war – ich hatte einen tollen Job, jede Menge interessanter Freunde, ich ging ins Fitnessstudio, wurde auf Partys eingeladen, wohnte in einem Loft, das ich selbst ausgebaut hatte, und all das in einer Stadt, die die halbe Welt spannend fand – und ich beruhigte mich wieder. Was wussten denn schon die Litauer?

Nach dem Essen wollte ich, wie jeden Abend auf dieser Reise, noch eine Runde joggen. Ich lief hinunter zur Ostsee, die Sonne ging gerade unter und der Strand war voller junger Familien. Männer, die eher noch Jungs, und Frauen, die fast noch Mädchen waren, standen da, eng umschlungen, sich an den Händen haltend, und schauten aufs Wasser, während ihre Kinder im Sand spielten und ich ihnen quer durchs Bild lief. Obwohl alle diese Paare jünger waren als ich, hatten Männer und Frauen jeweils schon Bäuche. Vermutlich waren sie ein paar Jahre zuvor schlank und schön gewesen, und dann hatten sie mit dieser Attraktivität nichts anderes anzufangen gewusst, als jemanden zu finden, eine Familie zu gründen und Kinder zu bekommen.

Aber war es von der Natur nicht genauso vorgesehen?

Hatten sie nicht alles zur genau richtigen Zeit getan, während ich nie in der richtigen Zeit war, sondern ihr ständig davonlief? Gerade versuchte ich, joggend meinen Körper zu konservieren – aber für wen eigentlich? Warum war ich überhaupt so wild entschlossen, allein zu bleiben?

Das allerdings konnte ich genau begründen.

Ich kannte damals nur zwei Arten von Beziehungen, und beide wirkten auf mich nicht gerade überzeugend. Die eine war die Ehe meiner Eltern gewesen. Zwei Menschen, die sich einmal wegen ihrer Verschiedenheit füreinander entschieden hatten und die am Ende auf nichts genervter reagierten als auf eben diese Verschiedenheit. Meine Mutter ist ein sehr strukturierter Mensch und vermutlich hat ihr an meinem Vater zuerst die Leichtigkeit gefallen, mit der er alles anging und die ihr nicht zur Verfügung stand. Dafür sah er in ihr vermutlich den Menschen, der wusste, wie man aus all den Ideen, Eingebungen und Wünschen, die er hatte, etwas machen konnte. Sie hätten voneinander lernen können, wie man sich ergänzt, stattdessen setzte einer sich durch. Bei ihnen war das meine Mutter. Als Kind sah es für mich so aus, als würde sie bestimmen, wie der Hase zu laufen hatte, und anscheinend war mein Vater der Hase. Dieses Gefühl des Herumgejagtwerdens und Nichtgenügens, auf der Hut zu sein vor dem strengen Blick der eigenen Frau, dieser Eindruck, dass man als Mann nichts richtig machen konnte, weil man die Dinge anders anging – das wollte ich für mich nicht.

Die zweite Art von Beziehung, die ich kannte, war die, die ich selbst geführt hatte. Ganze zwölf Jahre war ich mit meiner Jugendliebe zusammen gewesen. Wir hatten uns in der Schule getroffen, sie war eines der Mädchen, nach denen sich jeder umdrehte. Das forderte mich heraus, es verunsicherte mich aber auch. Um mich zu schützen, wendete ich an, was ich aus der Ehe meiner Eltern gelernt hatte. Wenn es sowieso darauf hinauslief, dass einer in der Beziehung früher oder später den Ton angab, dann kam es darauf an, dass ich es war, der frühzeitig die richtigen Kämpfe gewann. Also setzte ich mich bei allem durch, was ich wichtig fand, allerdings nicht ohne mir danach das Einverständnis meiner Freundin abzuholen. Denn natürlich wollte ich auch niemand sein, der sich immer durchsetzt. Ich gab ihr jedoch auch nicht das Gefühl, dass sie bei mir dauerhaft anderer Meinung sein kann. Verständlich, dass sie irgendwann nach etwas suchte, bei dem sie wieder frei entscheiden konnte. Blöd, dass sie dabei auf Affären kam.

Das war er gewesen, mein Weg bis zu jenem Urlaub allein im Baltikum.

Ich hatte gesehen, wie eine Beziehung auf eine Art scheitert, hatte es auf eine andere Art versucht und war auch gescheitert. Jetzt wollte ich nur noch eine Verbindung eingehen, in der keiner auf Kosten des Anderen glücklich wird, sondern etwas Gemeinsames entsteht. Nicht bestimmen, nicht bestimmt werden, keine Machtkämpfe, kein Sichwappnen, kein Sichwegdrehen vor dem Unglück des Anderen. Ich wollte, dass sich meine Welt verdoppelte, nicht halbierte. Ich hatte nur keine Ahnung, wie das funktionieren sollte.

EINE NEUE GRUPPE

Alexa erzählt davon,
dass es auch nach einer gescheiterten Ehe für eine Familie nie zu spät ist.

Einige Tage, nachdem meine erste Ehe den Bach runtergegangen war, hing ich im Badezimmer wie eine Ertrinkende am Waschbeckenrand und schluchzte: »Bitte rettet mich!« Meine damals neunjährige Tochter Lilly kam herein und fragte erschrocken: »Soll ich *jemanden* anrufen?« Mein Anblick muss ziemlich verstörend gewesen sein. Eine vollkommen aufgelöste Mutter in ausgebeulten Joggingklamotten, die »Bitte rettet mich!« wimmert! Zu mehr war ich leider nicht mehr fähig. Meine Familie – die Form, die für die Ewigkeit gedacht war – war zerstört. Es kam mir vor, als würden meine Kinder und ich wie verlorene Papierschiffchen auf dem wilden Ozean des Lebens durchgeschüttelt werden, als hätten wir komplett die Orientierung verloren. Damals hatte ich keine Hoffnung mehr, dass ich meinen beiden Kindern jemals wieder so etwas wie eine glückliche Familie würde bieten können. Und erst recht würde ich ihnen nie den Beweis liefern können, dass es für Mütter und Väter tatsächlich möglich war, sich langfristig zu lieben. Obwohl ich es doch so sehr versucht hatte, war ich gescheitert. Wie also sollte es mit der Liebe und der glücklichen Familie überhaupt klappen – wenn mir niemand das Geheimnis einer glücklichen Partnerschaft verraten konnte?

Wochen später waren meine Kinder und ich noch *so* durch den Wind, dass wir jede Nacht zu dritt im Ehebett schliefen und an Heiligabend bereits um sieben Uhr morgens Bescherung machten. Überhaupt vermied ich sämtliche familiären Rituale, die unser Scheitern noch greifbarer machten. In der Yogastunde fing ich bei der Schlussmeditation verlässlich an zu weinen, mein fünfjähriger Sohn Rasmus malte sich mit schwarzem Lackstift eine riesige Operationsnarbe quer über die schmächtige Brust, als sei ihm das Herz herausgerissen worden, und Lilly kriegte plötzlich so einen seltsamen Tick, bei dem sie ständig die Augenlider zusammenpresste. Außerdem vergaß ich, unserem Hamster Fiffi das Wasserschälchen zu füllen, weswegen er verdurstete.

Ich dachte wirklich: Das war's jetzt. Für noch einen Beziehungsversuch habe ich keine Kraft mehr. Ich gebe auf. Das hat doch alles keinen Sinn. Besonders, als meine Freundin Viola, schon seit vier Jahren alleinerziehend, beim Kinderschwimmen mit tonloser Stimme zu mir meinte: »Sehen wir den Tatsachen ins Auge: Du und ich, wir stecken mitten in der Menopause.«

Ich kriegte diesen schauderhaften Menopausen-Satz nicht mehr aus dem Kopf, bis ich entschied, dass zumindest *ich* noch nicht mitten in der Menopause steckte! Für die Selbstaufgabe war ich doch noch nicht bereit. Ich räumte unsere Wohnung auf, entsorgte die Lackstifte, damit mein kleiner Sohn seinen Körper nicht weiter mit riesigen Narben verunstaltete, und zu Lilly sagte ich: »Mein Schatz, du kriegst dein eigenes Handy, wenn du es schaffst, mit diesem verstörenden Geblinzel aufzuhören!«

Meine Kinder und ich waren so was von froh, dass wir jetzt wieder eine Lebensmaxime hatten: Zusammenreißen und weitermachen. Aber irgendwie schweißte uns diese Krisensituation auch zusammen. Wir gaben viel mehr aufeinander acht. So, als hätten wir einen super heftigen Hurrikan überlebt, durch den wir unser Miteinander erst jetzt wirklich zu schätzen wussten. Als ich dann Marcus kennenlernte, war ich stolze Mutter zweier Kinder, die sich künstlerische Alternativen gesucht hatten, um mit unserem familiären Zusammenbruch klarzukommen. Rasmus übte im Wohnzimmer nonstop diesen kniffligen Justin-Bieber-Tanz zu »Somebody to Love«, bei dem er sich im Rückwärtssalto von der Sofalehne schleuderte und wie ein Käfer auf dem Rücken drehte, während Lilly sich mit Hilfe von Youtube-Clips einigermaßen komplexe Klavierstücke selber beibrachte.

Was mich besonders an Marcus berauschte: Ihn schien es nicht im Geringsten zu beunruhigen, dass ich eine alleinerziehende, geschiedene Mutter mit zwei Kindern von zwei Vätern war. Von wegen, ich sei wankelmütig oder kompliziert. Diese Tatsache schien Marcus vielmehr herauszufordern. Er sah in mir und den Kindern nicht das Scheitern oder das Problematische, sondern die Fülle. Das Abenteuer. Er sah in uns die Familie, die durch ihn wieder komplett wurde. Und plötzlich erwachten wir alle zu neuem Leben. Mit einem Mal schien wieder alles ganz leicht und verheißungsvoll. Unvermutet schöpfte ich neue Hoffnung, dass das Unmögliche doch möglich war: eine gleichberechtigte Partnerschaft zu führen, in der jeder dem anderen mit Offenheit und Liebe begegnete – um gemeinsam zu großer Freiheit zu gelangen.

Das Geheimnis einer glücklichen Beziehung konnte ich also nur selber lösen. Tag für Tag.

EINE NEUE WELT

Marcus erzählt

von der Selbstfindung und dem Kraftzuwachs durch die Familie.

»Ich kenne so etwas nicht.
Es ist mir noch nicht passiert.
Ich habe keine Erfahrung dafür, kein Bild, keine Rolle.
Ich tanze auf einem Seil, aber ich sehe nicht in den Abgrund.
Ich strecke meine Hand aus und vertraue.
Ich vertraue, wie ich es noch nie in meinem Leben getan habe.
Ich sehe mehr, als ich begreifen kann,
aber vielleicht muss das nicht sein, begreifen.
Vielleicht gebe ich mich einfach nur hin, ohne Angst,
und das Einfache ist auf einmal ganz einfach.
Mehr kann ich nicht sagen.
Ich habe keine Worte dafür und alles,
was ich sagen könnte, macht es kleiner.«

Tagebucheintrag aus der ersten Zeit

Alexa und ich waren einen Monat zusammen, als wir ein Wochenende in Lissabon verbrachten. Und wir können höchstens zehn Minuten zu spät am Flughafen gewesen sein, als wir unseren Rückflug nach Berlin verpassten. Wir standen am Schalter, die Kinder waren bei Oma und Opa, ich hatte ein total wichtiges Projekt für die Arbeit zu erledigen, und weil es am Flughafen Streik gab, gingen die nächsten Flüge nach Hause erst am nächsten Tag.

»Wie weit ist es eigentlich bis nach Berlin?«, fragte Alexa.

»Keine Ahnung«, sagte ich. »Vielleicht zweieinhalbtausend Kilometer.«

»Könnte man das auch fahren?«

»Theoretisch.«

Kurz darauf standen wir in einer Autovermietung. Einen Wagen bis Berlin zu mieten, kostete so viel wie ein kompletter Portugalurlaub. Aber sie hatten ein Auto, das zurück nach Madrid musste. Das nahmen wir. In Madrid fanden wir dann ein Auto, das nach Paris musste. Und in Paris eins nach Berlin. Wir waren zwei Tage und Nächte unterwegs, die wir fast vollständig im Auto verbrachten, aber ich erinnere nicht, dass wir ein einziges Mal das Radio angemacht hätten. Wir haben die ganze Zeit über nur geredet. Über uns, unsere Kindheit, Arbeit, Freunde, die Kinder, was wir wollen vom Leben, einfach alles, in allen Einzelheiten. Manchmal riefen Oma und Opa an oder meine Redaktion, dann sagten wir, wo wir sind. Aber eigentlich war es, als gebe es auf der Welt nur dieses Auto und uns darin. So war das, von Anfang an.

Seit Alexa und ich uns kannten, war mein Gefühl, wir können übers Wasser laufen. Wir dachten nicht nach. Wir liefen einfach los. Ich traf die Kinder, die Väter der Kinder, wir trafen die Freunde und Eltern des anderen. Wir setzten uns jeder kniffligen Situation aus, die sich daraus ergab, dass wir beide bis dahin zwei völlig verschiedene Leben gelebt hatten. Und jedes Mal freuten wir uns darauf, was wohl jetzt gleich wieder Erstaunliches passiert. Bis dahin hatte ich geglaubt, dass man sich Schritt für Schritt kennenlernt, weil Vertrauen gemeinsame Erfahrungen braucht, gemeinsame Erlebnisse, eine Geschichte. Aber so war es gar nicht. Das Vertrauen war immer schon da. Ich hatte nur keinen Gebrauch davon gemacht.

Als ich Rasmus zum ersten Mal sah, saß er im Schlafanzug im Flur vor seinem Zimmer und spielte Lego Star Wars. Er war so winzig. Ich stellte mich daneben, er sah zu mir hoch und sagte: »Boah, groß!« Später kam Lilly, ein kleines Mädchen in einer Blümchenbluse, und erzählte von der Holzhütte, in der sie bei ihrem Vater wohnte, wenn sie am Wochenende bei ihm war. Ich stellte unglaublich viele Fragen, weil ich aufgeregt war und das Gespräch am Laufen halten wollte. Sie spürte das und erklärte jedes kleine Detail. Die Kinder machten es mir leicht. Sie kamen zu mir, als wollten sie sagen: Du musst dich nicht vorstellen, ich kenne dich längst.

Einige Tage später stürzte ich mich mit Lilly schon auf ihre Hausaufgaben, weil ich erfüllt davon war, ihr etwas erklären zu können, und las Rasmus zum Einschlafen meine alten Kinderbücher vor. Musste ich für die Arbeit verreisen, las ich das nächste Kapitel in der Zugtoilette laut in mein Handy und schickte Alexa die Aufnahme auf ihr Telefon. Wollten wir Eis essen, gingen wir nicht vors Haus, sondern nahmen mein Motorrad. Hatten wir gekocht, fotografierten wir die Schüsseln und Teller auf dem Tisch, weil es so schön für uns aussah. Wir haben hunderte Fotos von Braten, Aufläufen und verkrumpeltem Rührei aus dieser Zeit.

Einmal wurden wir bei einem Paddelausflug mit dem Kanu in einer Schleuse vergessen und Lilly kletterte an der glitschigen Leiter nach oben, um Hilfe zu holen. Einmal wollte ich Rasmus beim Ponyreiten zeigen, wie schnell ich rennen kann, und wurde immer schneller, bis ich sein Pony am Zügel hinter mir herzog. Immer hatten wir das Gefühl, diese ganzen Sachen passierten nur uns, seien nur für uns gemacht.

Wenn Alexa und ich uns bei irgendetwas nicht verstanden, und natürlich gab es das – sie war feministisch erzogen, ich pragmatisch, sie war selbstständig, ich festangestellt, sie war Mutter, ich kein Vater –, wenn wir irritiert waren, plötzlich befremdet, vielleicht sogar enttäuscht oder auch nur sauer, suchten wir im Anderen immer den, dem wir vertrauten. Wir waren sicher, dass sich dann alles aufklären würde, weil alles, was uns auf einmal fremd vorkam an dem Anderen, auf ein Missverständnis zurückgehen musste, eine Prägung aus der Kindheit, eine dumme Erfahrung, eine Angst, die in Wahrheit nichts über den Menschen aussagte, den wir liebten. Was die Gesellschaft meint, was typisch Frau ist, was typisch Mann, wie eine Beziehung geht und welche Probleme jede Patchworkfamilie hat, all diese Meinungen, Prognosen und Weisheiten – wir ignorierten sie alle. Wir wollten ohne Furcht sein.

Natürlich wusste ich immer, dass es auch die andere Welt gibt. Die Welt, in der ich ins Büro gehe, Anzug trage, in Konferenzen sitze, Aufträge annehme, Argumente abwäge, in der ich mein Geld einteile und meinen Urlaub, kein zu großes Risiko eingehe und auf die Erwartungen anderer Leute mehr gebe als auf mein eigenes Gefühl. Diese Welt betrat ich, sobald ich morgens die Wohnung von Alexa und den Kindern verließ. Aber deswegen schien mir unsere Welt nicht weniger real. Wer hatte eigentlich gesagt, dass man nicht immer und überall so unbeschwert leben konnte? Vielleicht konnte man das. Es war ja nicht so, dass ich nicht sah, dass Alexa und ich zu wenig schliefen, zu viel Geld ausgaben, zu wenig Zeit für die Arbeit hatten, dass wir in unserer Euphorie einen Ausnahmezustand herstellten. Ich war nur sicher, dass wir mit allem, was passieren würde, zurechtkommen. Wir würden mit allem fertig werden. Uns konnte nichts passieren. Wir hatten uns. Aber ich hatte mich auch. Zum ersten Mal in meinem Leben fühlte ich mich frei.

MIT MEHL SCHMEISSEN

Alexa erzählt davon,
dass die wahre Stärke in der Bitte um Hilfe liegt.

Als alleinerziehende Mutter hatte ich keine Schwierigkeiten mit Absprachen. Außer mir war ja schließlich kein Erwachsener da, mit dem ich mich über die anfallenden Aufgaben hätte verständigen müssen. Von wegen: »Wer macht was – und wenn ja, wie viel davon?!« Ich erledigte ohnehin alles allein: Kinderbetreuung, Haushalt, meine Arbeit und so weiter. Nicht nötig zu erwähnen, dass ich für die Halloweenparty im Flur eine Art Geisterbahn mit echt krassen Grusel-Effekten aufbaute. Stichwort: mit grünem Wackelpudding gefüllte Latex-OP-Handschuhe, die zum Schluss durchs Wohnzimmer sausten und am Bücherregal explodierten. Bis zum Morgengrauen habe ich geschrubbt, um dieses klebrige Stärke-Zeug von den Büchern und den Möbeln abzukriegen. Und noch heute sind nicht alle Schleim-Spritzer entfernt.

Heikel wurde es mit den Absprachen erst, als Marcus bei uns einzog. Wir waren gerade mal ein paar Monate zusammen, weswegen ich ihn natürlich nicht mit den hundert alltäglichen Aufgaben behelligen und überlasten wollte. Schließlich hatte Marcus jahrelang alleine gelebt und war es nicht gewohnt, seinen Arbeitsalltag und die Freizeitgestaltung auf Kinder und Haushalt auszurichten. Aber vor allen Dingen scheute ich die Diskussion über die Aufgabenteilung, aus Sorge, wir könnten nicht im selben Maße für die »Gleichberechtigung von Mann und Frau« sein. Aus diesem Grund dachte ich, es sei vermutlich vernünftiger, wenn ich einfach weiterhin für alles alleine verantwortlich wäre.

Aber natürlich kam es, wie es kommen musste: Ausgerechnet am Tag meines Abgabetermins für ein Jugendbuch wurden Lilly und Rasmus krank und konnten nicht in die Schule gehen. Mein schöner, minutiös ausgeklügelter Tages-Ablaufplan brach in sich zusammen. Während Marcus sich ganz selbstverständlich mit einer guten, alten Bekannten zum Kaffeetrinken traf, hetzten Lilly, Rasmus und ich mit der Tram zum Kinderarzt, zur Apotheke und wieder nach Hause. Ich bezog Betten neu, legte meinen fiebrigen Kindern kalte Lappen auf die Stirn, kochte Tee, las vor und telefonierte mit meinem Verlag, um zu versprechen: »Ich bin voll im Zeitplan.«

Kurz überlegte ich, Marcus anzurufen, um ihn um Hilfe zu bitten. Auf der anderen Seite wollte ich ihn nicht stressen. Schließlich hatte ich bisher auch ohne ihn alles hinbekommen – und so sollte es ja auch weiterhin sein. Trotzdem! Die Vorstellung, dass sich unser neues Gruppenmitglied gerade mal einen gemütlichen Plaudernachmittag bei Kaffee und Apfelstrudel gönnte, während ich auf dem Zahnfleisch ging und meinen Abgabetermin nicht schaffte, verursachte mir so ein zaghaftes Gefühl von Ungerechtigkeit. Klar, sagte ich mir: »Es sind meine Kinder. Ich bin für sie verantwortlich.« Auf der anderen Seite dachte ich: »Marcus wohnt aber jetzt auch bei uns. Warum trifft er sich ausgerechnet heute mit seiner guten, alten Bekannten, wo ich dringend seine Unterstützung gebrauchen könnte?!«

Ich war ziemlich verwirrt darüber, ob mein neuer Lebenspartner eigentlich verpflichtet war, mir unter die Arme zu greifen – oder ob ich verpflichtet war, ihn aus meinen Angelegenheiten herauszuhalten? Ich sagte mir: »Immerhin haben wir vor, eine neue Familie zu sein. Da muss er sich doch patchworktechnisch verantwortlich fühlen!« Dann überlegte ich wieder: »Aber von Null auf Hundert einer Mutter und zwei Kindern zur Seite zu stehen ist ja schon heftig.«

Ich wollte definitiv gut gestimmt sein, als Marcus nach Hause kam. Um ja nicht das Klischee einer überlasteten Alleinerziehenden zu erfüllen, die froh ist, wenn sich jemand ihrer erbarmt. Ich wollte so wirken, als sei alles kein Problem für mich. Als hätte ich übermenschliche Kräfte. Ich wollte nicht abhängig erscheinen, sondern eher so, als sei das hier das Traumland, in dem niemandem etwas zu wünschen übrig bleibt. Ich wollte die beste Frau der ganzen Welt sein, die alles alleine tragen kann, weil ich dachte, dass das die Voraussetzung für eine funktionierende Partnerschaft ist.

Aber als Marcus so locker vom Hocker erzählt hat, wie toll seine gute, alte Bekannte den frisch herausgekommenen Film »Kokowääh« fand, weil Til Schweiger und seine kleine Tochter da so süß und ausgelassen mit Mehl herumschmeißen – und sie sich fragt, warum nicht alle getrennten Eltern mit ihren Kindern solche witzigen Aktionen bringen, ist mir der Kragen geplatzt. Ich habe Sachen gesagt, die ich eigentlich gar nicht sagen wollte. Von wegen: »Wenn ich mit Rasmus und Lilly auch noch mit Mehl herumschmeißen würde, würde ich gar nichts mehr auf die Reihe kriegen! Weißt du eigentlich, wie lange es dauert, Mehl wieder aufzuwischen? Das verklumpt und dann hat man überall diese Stärkeverkrustungen und …« Marcus hat mich erschrocken angeguckt und gefragt: »Was ist eigentlich genau los?« Und ich habe mich zu meinem Entsetzen die unrühmliche Wahrheit sagen hören: »Ich hätte dich heute Nachmittag gebraucht, damit ich mein Buch fertig kriege.« Und er: »Aber warum hast du mir das denn nicht gesagt?« Und ich wieder: »Du weißt doch, dass ich allein mit zwei kranken Kindern bin!« Und er: »Aber ich dachte, sie hören ein Hörspiel.« Und ich: »Zehn Stunden lang – oder was?«

Es ging noch ein paar Mal so hin und her, bis wir realisiert haben, dass Marcus sich erst an unseren unberechenbaren Familienalltag gewöhnen muss, so, wie ich mich daran gewöhnen muss, ihn um Hilfe zu bitten. Auch, wenn das eigentlich nicht mit meinem Stolz, meiner Emanzipation und meiner Angst vor Abhängigkeit zu vereinbaren ist. Marcus meinte allerdings, dass in diesem Fall mein Stolz und meine Emanzipation ziemlich egal sind, weil wir ja sowieso vorhaben, eine Familie zu sein, und dass in Familien jeder jedem hilft. Da ist mir ganz kurz schlecht geworden, weil ich einsehen musste, dass ich generell nicht so der Typ für Absprachen und Aufgabenteilung bin. Ich mochte das Bild von mir, dass ich alles alleine hinkriege. Das gab mir Sicherheit. Von wegen: »Ich bin auf niemanden angewiesen.« Doch Marcus meinte, dass ich mich von diesem Bild leider dringend verabschieden muss, weil er nicht der Typ Mann ist, der mich alles alleine stemmen lässt. »Schließlich liebe ich dich!« Das klang ziemlich visionär.

Also war ich bereit, an Marcus mein Liebstes abzutreten: das Kochen. Auch auf die Gefahr hin, dass er andere Gerichte kochte als ich. Im Gegenzug ließ sich Marcus darauf ein, dass zukünftig eine Mutter mit ihren hungrigen Kindern aufs Essen warteten und er nach Feierabend nicht mehr seine asiatische Nudelsuppe vom Stehimbiss essen konnte.

PLÖTZLICH PAPA

Marcus erzählt davon,
dass nicht die Vergangenheit die Zukunft bestimmt – sondern jeder selbst.

Die wichtigsten Entscheidungen in unserem gemeinsamen Leben haben Alexa und ich ohne größere Diskussionen getroffen, weil das, was jetzt als Nächstes zu tun war, für uns immer auf der Hand lag. Wir hatten uns kennengelernt und wollten uns wiedersehen. Wir sahen uns wieder und wollten zusammenbleiben. Wir blieben zusammen und wollten Kinder. Wir bekamen Kinder und wollten uns beide um sie kümmern. Wir kümmerten uns beide um sie und das hieß, dass Alexa und ich weniger arbeiten konnten.

Für den Entschluss, dass wir beide zusammenziehen, brauchte es einen Spaziergang durch den Park, der bei Alexas Wohnung lag, die ab jetzt also unsere gemeinsame Wohnung sein würde. Ich kam ohnehin jeden Tag dorthin und die Abende, an denen ich manchmal noch in meiner alten Wohnung schlief, fühlten sich auf einmal fremd und kalt an. Wie sollte ich meiner zukünftigen Frau und ihren Kindern, die gerade wieder einen schönen Tag mit mir verbracht hatten, erklären, dass ich jetzt in meine Wohnung gehe, wo niemand auf mich wartet? Welchen Grund gab es dafür, wenn es offenbar keinen gab? Weil einem Freunde, die Gesellschaft oder ein Kalenderspruch rieten, es besser langsam angehen zu lassen? Wie sagten alle: »Willst du gelten, mach dich selten.«

Ich glaube, Alexa und ich sparten uns jedes behutsame Annähern, weil wir uns nicht erst darüber klar werden mussten, was wir voneinander wollten, sondern so sicher damit waren, dass wir es nicht erwarten konnten, endlich loszulegen. Warum dem anderen durch Zögern das Gefühl geben, dass man Zweifel hat, wenn man sie gar nicht hat?

Am Tag, als ich bei Alexa und den Kindern einzog, hatte Lilly, sie war gerade elf geworden, ein Bild gemalt und an die Tür geklebt. Darauf standen die Namen der Leute, die jetzt in dieser Wohnung lebten. Meiner war einer davon. Er stand auch auf dem Klingelschild, aber das habe ich, glaube ich, erst später entdeckt. Ich trug meine Sachen hinein, die Kinder halfen mir, und ich kann sagen, dass ich wirklich versuchte, total aufmerksam zu sein und mir diesen Tag ganz genau einzuprägen, weil ich wusste, dass hier gerade etwas Besonderes passiert. Aber wenn ich jetzt darüber nachdenke, hatte ich wohl doch keine Ahnung, was es für die drei bedeutete, dass nach allem, was sie schon erlebt hatten, jetzt mit mir ein neuer Mann zu ihnen kam, von dem sie nicht wussten, wie er ihr Leben verändern würde.

Ich nahm nicht viel mit aus meiner alten Wohnung, in der sowieso nicht viel stand, ein paar Klamotten, ein paar Bücher, meinen Beamer, der Rest ging in den Keller. Alles in allem war es der Inhalt zweier Umzugskartons, den ich jetzt in den alten Schrank packte, den Alexa und ich ein paar Tage zuvor auf dem Trödelmarkt gekauft hatten. Abends, wenn die Kinder im Bett waren, hatten wir ihn geschliffen und gestrichen. Unser erstes gemeinsames Werk. Ich räumte meine Sachen ein, Alexa war in der Küche und räumte die Spülmaschine aus, ich hörte die Kinder lachen, später wollten wir einen Film auf meinem Beamer sehen. Das war jetzt mein neues Zuhause. Es fühlte sich richtig an. Alles war gut. Da fiel mir Knut wieder ein.

Knut war der erste Mann, den meine Mutter mit nach Hause brachte, nachdem mein Vater sich das Leben genommen hatte. Davor hatten meine Mutter, mein Bruder und ich zwei Jahre verbracht, in denen wir sehr tapfer waren, in Wahrheit aber nur neben uns standen. Dann, eines Tages, erzählte uns unsere Mutter, dass sie ein Arbeitskollege angesprochen habe und mit ihr essen gehen wolle. Mein Bruder und ich wussten nicht, was wir dazu sagen sollten, es klang auch nicht so, als habe unsere Mutter uns eine Frage gestellt. Aber natürlich war es eine.

Kurze Zeit später brachte unsere Mutter ein Geschenk von Knut mit nach Hause, ein Buch. Es handelte von der Möwe Jonathan, die fliegen will, nicht bloß zur Fortbewegung, sondern sozusagen als Lebensmaxime, und sich mit dieser Einstellung unter den Tieren selbstverständlich lächerlich macht. Den Brief, den Knut dazu geschrieben hatte, las uns unsere Mutter auf dem Sofa im Wohnzimmer vor. Es war der Brief eines Mannes, Ende vierzig, der unserer Mutter seine Liebe gestand. »Ich umarme Dich«, schrieb er, »spürst Du das?«

Ich war damals siebzehn Jahre alt und noch nicht so weit aus der Pubertät heraus, dass ich es mutig gefunden hätte, wenn jemand einer Frau solche Sachen schrieb – und hier ging es außerdem noch um meine Mutter. Ich hatte sie ja bisher gar nicht als Frau gesehen.

Bevor uns Knut zum ersten Mal besuchte, hatte meine Mutter von ihm als groß gewachsenem Mann gesprochen, weshalb ich mir einen Sportler vorgestellt hatte. Einen, mit dem ich joggen gehen konnte, der sich vielleicht auch für Motorräder interessierte oder meine Aquarien, mit dem ich mich unterhalten konnte. Jedenfalls wurde ich enttäuscht. Dieser Mann war groß, aber er wog auch hundertfünfzig Kilo, war sehr behaart und redete wenig, was nicht an seiner Aufregung lag, er war einfach schweigsam. Er konnte auch nichts mit dem

Bauernhof anfangen, auf dem wir wohnten, und dem riesigen Garten. Als er später auf einem unserer Wege umknickte, lief sein Knöchel blau an. Und ich dachte: »Was für eine Träne, dieser Mann!«

Als er bei uns einzog, brachte er ein paar Hosen und Hemden mit, die von seinen verschiedenen Körperumfängen erzählten und den vergeblichen Versuchen, sein Gewicht zu halten. Auf einmal gab es in unserem Kühlschrank Sachen, die ich nicht essen durfte, weil sie für Knut und seine Diät bestimmt waren, und wenn ich mir eines seiner Bücher auslieh, für die wir ihm ein eigenes Zimmer eingerichtet hatten, sagte meine Mutter zu mir, ich solle ihn vorher fragen. Fragte ich ihn, ergab sich aber auch kein Gespräch. Ich glaube, er war während der ganzen Zeit, in der er bei uns wohnte, nicht ein einziges Mal in meinem Zimmer. Mein Bruder sah sonntags mit Knut Formel 1 im Fernsehen, obwohl er sich bis dahin gar nicht für Autorennen interessiert hatte. Für mich änderte sich durch seinen Einzug nur, dass ich jetzt anmelden musste, wann ich am Wochenende meine Freunde treffe, weil wir als Familie ja auch noch einen Ausflug machen wollten.

Ich würde nicht sagen, dass ich Knut feindlich begegnet bin, wenigstens hoffe ich das, aber ich verhielt mich auch nicht offen. Solange mein Vater lebte, waren wir eine Familie gewesen. Danach waren meine Mutter, mein Bruder und ich immerhin drei Leute, die ihre Gefühle beherrschen konnten. Dieser Mann hatte nicht einmal sein Gewicht im Griff. Was wollte er überhaupt bei uns?

Als er zwei schweigsame Jahre später wieder ging, zusammen mit seiner Schwergewichtswaage und all seinen Büchern, hinter denen er sich am Ende immer länger versteckt hatte, hinterließ er in meinem Leben keinerlei Lücke. Er war weg, als sei er nie da gewesen. Ich hatte ihn tatsächlich vergessen. Erst jetzt fiel er mir wieder ein.

War nicht ich jetzt der Mann, der bei einer Frau und ihren Kindern einzog? Was, wenn das mit Alexa und mir schiefging? Wenn die Kinder mich ablehnten? Wenn ich für sie irgendwann einmal der Mann sein würde, an den sich keiner mehr erinnert?

Ich hatte meine Wohnung schon gekündigt.

Wo sollte ich dann hin?

Gerade war ich noch dabei, mit meiner neuen Familie ein neues Leben zu beginnen, da sprang mich auf einmal die Panik an. Die Vergangenheit machte mir Angst vor der Zukunft. Zum ersten Mal verstand ich, dass Knut Mut gebraucht hatte, in unsere Familie zu kommen. Diesen Mut konnte ich damals nicht sehen. Ich hatte das Gefühl, ich müsse ihn sofort anrufen, um mich bei ihm zu entschuldigen. Was hatte ich noch alles nicht gesehen? Welche Chance hat dieser Mann überhaupt bei mir gehabt?

Um ehrlich zu sein: keine. Ich hatte Erwartungen, die er nicht erfüllen konnte, und ich bestrafte ihn dafür, dass er nicht war, was er gar nicht sein konnte – ein Vater.

War das fair?

Sicher nicht.

Hätte ich es damals anders gekonnt?

Nein.

Ich war so voller Wut, dass meine Familie zerbrochen war, dass ich niemandem eine Chance gegeben hätte. Auf der anderen Seite wünschte ich mir jemanden, der mir beisteht. Für den ich meine Trauer, dass mein Vater nicht wiederkommt, nicht verstecken muss, der sie aushält und nicht persönlich nimmt, weil sie gar nichts mit ihm zu tun hat. Jemanden, der nichts will. Vermutlich ist Knut anfangs sogar so jemand gewesen. Vermutlich bin ich nur nicht darauf eingegangen, bis er irgendwann aufhörte, erkennbar zu werden, sodass ich ihn auch dann nicht gesehen habe, als ich für die Möwe Jonathan bereit gewesen wäre.

Nun war ich nicht Knut. Vor allem aber waren Alexas Kinder nicht wie ich damals. Es war nicht die Vergangenheit, die über die Zukunft bestimmte. Es war nicht die Rolle als Patchworkvater, die meine Handlungen vorgab. Ich war als Mensch in eine Gruppe gekommen. Ich hatte es selbst in der Hand.

NICHT JEDES KANU KENTERT

Alexa erzählt davon,
dass das Leben gar nicht so gefährlich ist.

Bedingt durch gewisse Erlebnisse in meiner Kindheit hatte ich ziemlichen Respekt vor Gewässern – bis Marcus kam. Mein Vater hatte es nämlich super gefunden, meinen Bruder, meine Schwester und mich ständig in gefährliche Situationen auf dem Wasser zu bringen. Er liebte es, mit uns Kindern auf der Nordsee herumzupaddeln. Zum Entsetzen meiner Mutter trugen wir bei diesen riskanten Aktionen nie Schwimmwesten. Mein Vater wollte sich da nicht »reinreden« lassen.

Ehrlich gesagt hatte ich also nicht nur Muffensausen, was Gewässer anbelangte, sondern auch vor Männern in Kanus auf offener See. Im Laufe meiner Kindheit hatte die Küstenwache unsere Familie mehr als nur einmal retten müssen. Ich erinnere mich an Sommerferien, in denen mein Papa mit uns Kindern bei dichtem Nebel aufs tosende Meer hinaus paddelte, um zu beweisen, dass uns nichts passieren konnte. Wir Kinder saßen kreischend im Kanu und flehten, wieder zurück an den Strand zu dürfen. Ein anderes Mal mussten sich mein Vater und mein kleiner Bruder stundenlang auf einem Seezeichen festklammern, weil das Kanu gekentert war. Dann hatte es wieder bei Windstärke zwölf ein schwieriges Manöver gegeben, bei dem Teile unserer Familie beinahe ertrunken wären – was wiederum zur Folge hatte, dass meine Mutter ständig ein »komisches Gefühl« hatte, sobald mein Vater mit uns Kindern in See stach, was mein Vater wiederum als »ziemlich störend« empfand und zuweilen mit Ärger darauf reagierte.

Als kleines Mädchen hatte ich also außerdem gelernt, dass Männer es überhaupt nicht mochten, wenn Frauen ihnen ihre Fähigkeit absprachen, Situationen richtig einzuschätzen und auch zu beherrschen – und dass diese zwei entgegengesetzten Sichtweisen unweigerlich zum nächsten Ehekrach führten.

Dummerweise schlug Marcus für unseren ersten gemeinsamen Familienausflug ausgerechnet vor, wir könnten uns ein Familienkanu ausleihen und damit irgendwelche Flüsse hinauf und hinunter paddeln. Um nicht gleich meine kindliche Prägung offenzulegen, machte ich sofort eine begeisterte Miene und sagte mit höher gepitchter Stimme: »Tolle Idee! Super! Ich liebe Abenteuer!« Ich gab mir alle Mühe, meinen eigenen Worten zu glauben. In gewisser Hinsicht liebte ich ja auch das Abenteuer. Ich schaffte es nur nicht, dieses auch hundertprozentig zu leben. Also dachte ich mir: »Jetzt ist offenbar der Zeitpunkt gekommen, an dem ich lerne, das Abenteuer zu leben!«

Ich gebe zu, bisher hatte mir das Abenteuer im Bereich »Freizeitgestaltung« nicht sonderlich gefehlt. Aber mir war klar, dass ich mich, damit sich Marcus und meine Beziehung in voller Pracht entfalteten, ein gewisses Stück auf ihn zu bewegen musste. Aber nicht, indem ich mich zusammenriss und etwas tat, was ich eigentlich gar nicht wollte, sondern indem ich etwas ablegte, was ich schon längst nicht mehr wollte. In diesem Fall die Angst vor Gewässern. Tatsächlich wollte ich *Crocodile-Dundee*-mäßig keine Angst vor gar nichts mehr haben. Ich wollte die Frau meines Lebens werden: angstfrei, abenteuerlustig, vertrauensvoll.

Wir mieteten uns also ein Familienkanu. Als Symbol für unsere familiäre Zusammengehörigkeit. Was Marcus natürlich nicht ahnte: Ich kam mir schon irre heldenhaft vor, als meine Kinder und ich in diesen wackligen Strohhalm einstiegen. Und zwar ohne Schwimmwesten, weil der Boots-Verleiher gerade keine dahatte. Als wir dann alle Mann auf den schmalen Bänkchen saßen, dachte ich: »Es ist der helle Wahnsinn! Das Kanu ist noch nicht gekentert!«

Marcus war viel mehr begeistert, wie gut ich paddeln konnte. Das hatte ich mir natürlich als kleines Mädchen bei meinem Papa abgeguckt. Ich war selbst erstaunt, wie genial ich das draufhatte, und war meinem Vater schlagartig dankbar! Als hätte ich in meinem Leben nichts anderes getan, paddelte ich los. Ich ging richtig schwungvoll zur Sache und auch Lilly und Rasmus meinten stolz: »Oha, Mama! Wir wussten ja gar nicht, dass du so gut paddeln kannst!« Weil ich mit meinen Kindern noch nie solche Ausflüge unternommen hatte. Was zum einen daran lag, dass ich bisher nicht hatte paddeln wollen, auf der anderen Seite wären Lilly, Rasmus und ich nie zu so einer entlegenen Paddelstelle gekommen, da ich zu diesem Zeitpunkt noch nicht Auto fuhr. Auch so eine Folge von kindlicher Konditionierung. Von wegen: »Lass keine Frau hinters Steuer! Sie baut definitiv einen Unfall!« Aber das ist ein anderes Thema, dem ich mich erst ein paar Jahre später stellen musste, als Marcus wegen zu hohen Punktestandes in Flensburg seinen Führerschein herausrücken musste.

An diesem herrlichen Nachmittag im Frühsommer fand Marcus es erst einmal toll, dass er eine Familie gefunden hatte, die nicht selbst Auto fuhr und noch nie Ausflüge unternommen hatte. Mal abgesehen von denen, die risikoarm und mit dem Fahrrad durchzuführen waren. Also: Eisessen im Park oder ein Besuch im Naturkundemuseum.

Das bedeutete für ihn, dass er uns, wie einer Hand voll Außerirdischer, quasi die ganze Welt zeigen konnte. Finde mal solche Leute! Das wird schwierig! Weswegen Marcus sein Glück kaum fassen konnte. Er sprudelte über von irrwitzigen Ideen bezüglich krasser Freizeitgestaltung, Urlauben und Wochenendausflügen. Ich glaube, er hatte richtig Sorge, dass wir nicht alles schaffen könnten, bevor die Kinder in zehn Jahren aus dem Haus sein würden.

Inzwischen erfasste mich so ein regelrechter wohliger Grusel, je klarer mir wurde, dass diese neue Liebe, die ich ja für die Ewigkeit plante, definitiv einige ziemlich heftige Herausforderungen für mich bringen würde. Und da ich zumindest während meiner ersten Ehe gelernt hatte, dass es nichts brachte, auf seinen eigenen beschränkten Standpunkt zu beharren, da dadurch der Raum, in dem man sich als Paar bewegte, immer enger und enger wurde, bis schließlich niemand mehr atmen konnte, nahm ich mir vor, jede noch so heftige *Challenge* in Sachen »lebensbedrohliche Ausflüge« anzunehmen und somit sämtliche angstgesteuerten Einschränkungen loszulassen. Allerdings ohne dass Marcus etwas davon merkte. Schließlich wollte ich nicht, dass er sich schockiert von mir abwendete, weil ich zum Beispiel gerade noch eine Frau war, die sich vor der bakteriellen Verunreinigung von Flusswasser fürchtete.

Ich gebe zu: Das klingt richtig paranoid! Und vielleicht gibt es wenige Menschen, die sich ausgerechnet vor der bakteriellen Verunreinigung von Flusswasser fürchten. Das ist eben Ergebnis *meiner* ganz persönlichen kindlichen Programmierung. Für die ich nichts kann. Aber wenn sich jeder einmal dazu befragen würde, vor welchen idiotischen Dingen er Angst hat, könnten wir alle zusammen eine Wahnsinns-Liste erstellen über absurde Dinge, vor denen wir uns fürchten.

Meine beste Freundin Theresa hat zum Beispiel Angst, den falschen Mann geheiratet zu haben!

Wie auch immer. Ich war extrem entschlossen, an diesem Tag einige kindliche Konditionierungen loszulassen – um Marcus zu imponieren und besonders auch um Lilly und Rasmus nicht auf die gleiche einschränkende Weise zu konditionieren. Nie sollten sie sich vor Paddelfahrten oder vor Flusswasser fürchten. Ich paddelte also eifrig drauf los und gab mir alle Mühe, nicht an die bakterielle Verunreinigung zu denken, was nicht leicht war, weil ordentlich Flusswasser um uns herumspritzte. Ich nehme an, ich sah ziemlich angestrengt aus, was aber nichts machte, da ich vorne im Kanu saß, während sich die Kinder mit Marcus hinter mir über mögliche Babynamen unterhielten. Denn: interessanterweise beschlossen Lilly, Rasmus und Marcus auf dieser Kanufahrt, dass in nächster Zeit noch einige Geschwister dazukommen würden.

Diese Planung machte mir wiederum gar keine Angst. Meine Augen wurden immer größer. Mein Herz öffnete sich immer mehr. Ich war so voller Glück, dass ich jemanden gefunden hatte, der genauso gerne eine glückliche Familie haben wollte wie ich. Einer, der voller Begeisterung drauflosrannte. Einer, der nicht nur redete, sondern auch vollbrachte. Einer, der keinen Dünkel hatte, sein vorheriges, gutsortiertes Leben aufzugeben – zugunsten einer gemeinsamen Zukunft. Um uns herum flatterte und zwitscherte es. Die blätterbepackten Baumkronen rauschten und blinkerten sacht im Wind. Libellen surrten über das silbrige Schilf und ich fühlte mich so unglaublich befreit, ganz ohne Last, fast wie ein Kind, während ich meine neue Familie hinter mir im Kanu fröhlich plappern hörte. Über die neuen Geschwisterchen, ob Junge oder Mädchen, oder beides. Zwillinge. Drillinge und so weiter. Dass die zukünftigen Babys allerdings Nepomuk oder Lila heißen sollten, machte mich dann doch etwas nervös.

Aber das verging mir auch gleich wieder, als Marcus vorschlug, dass wir an der nächsten Flusszweigung anlegen sollten, weil da laut Bootverleiher am Ufer eine Schrebergartenparty steigen sollte. Mit Grillen und Bier und so weiter. Mir rutschte sofort das Herz in die Hose. Ich wusste ja nicht einmal mehr ganz genau, in welcher Region Deutschlands wir uns hier eigentlich befanden. Es war ein bisschen *Out of Nowhere*. Stichwort: *Gilbert Grape* – Irgendwo in Iowa! Ich dachte: »Hier herrschen bestimmt ganz eigene Regeln.« Ich hielt es also für besser, sich nicht einfach bei Schrebergartenkumpels selbst zum Fest einzuladen. Das konnte ich mir natürlich nicht anmerken lassen. Schließlich wollte ich möglichst abenteuerlich rüberkommen. Ich nickte also nur zur Bestätigung: »Ja! Klasse!« Und betete leise vor mich hin, dass bitte, bitte diese verdammte Schrebergartenparty heute nicht stattfindet.

Natürlich fand die Party statt. Und natürlich gingen wir vor Anker. Und natürlich winkte uns keiner der Schrebergartenleute fröhlich zu, als wir an Land krabbelten und uns wie selbstverständlich unters Volk mischten. Vielmehr wurden wir misstrauisch beäugt und ich hatte kurz Bedenken, ob wir heil wieder aus der Sache herauskommen würden. Ich grinste in alle Richtungen, während große zottelige Hunde um mich und meine Kinder herumwuselten und Marcus schon in der Schlange für Bier anstand. Meine Kinder und ich, die wir solche Ausflüge noch nicht so gewohnt waren, bewegten uns möglichst unauffällig zum letzten Biertisch nahe der Böschung, um uns dort höflich lächelnd niederzulassen. Zu meiner Erleichterung beobachtete ich, wie Marcus schon mit einigen Männern im Rippunterhemd in ein Gespräch vertieft war. Er nickte und stemmte die Hände in die Hüften, als sei er einer von denen. Ich merkte, wie ich zunehmend entspannte. Ich schaffte es sogar, mich mit Lilly und Rasmus zu unterhalten.

Ich sagte Sachen wie: »Ich finde Paddeln toll!« Oder: »Witziges Fest hier!« Ich wollte, dass sie lernten, dass jeder Mensch überall sein konnte, ohne sich dabei komisch zu fühlen. So, wie Marcus das hinbekam. Ich bewunderte ihn unglaublich für seinen Mut und seine Selbstverständlichkeit. Ich wollte zukünftig auch so durchs Leben gehen: vor nichts mehr zurückschrecken. Immer mitten rein. Wenn nötig sogar ins bakteriell verunreinigte Flusswasser. Und genau so wollte ich es auch für meine Kinder. Plötzlich ergab alles für mich einen Sinn! Dass Marcus und ich uns getroffen hatten. Ich sollte von ihm lernen, wirklich frei zu sein. Freier als durch Emanzipation, Rock 'n' Roll und falsch verstandene Unabhängigkeit. Ich wollte nicht *ihm* die Schuld geben, dass er mich in unangenehme, untragbare Situationen zwang, sondern in jeder noch so fraglichen Situation klarkommen, ohne Panik zu schieben.

Ich wollte mich nicht mehr durch mein kindliches Frühwarnsystem aufhalten lassen, das mich ständig vor möglichen bis absurden Gefahren zu schützen versuchte. Ich wollte alle Einschränkungen loswerden.

Während unserer ersten gemeinsamen Paddeltour hatte ich schon so viel Outdoor-Abenteuer erlebt wie zuletzt vor fünfunddreißig Jahren mit meinem Vater. Doch mit einem Mal hatte ich nicht wie damals das Gefühl, dass das hier wirklich komplett unvernünftig war. Im Gegenteil! Ich hatte das Gefühl, dass das hier das einzig Richtige war. Dass wir hier gerade Familiengeschichte schrieben. Dass dies hier eines jener Erlebnisse sein würde, die sich uns allen für immer ins

Gedächtnis brennen würden als ein wundervoller, formvollendeter Sommertag. Dies war der Sonntag, an dem ich lernte, dass nicht jedes Kanu kentert.

DARF EIN PATCHWORKVATER MIT ERZIEHEN?

Marcus erzählt davon,
dass ein »Nein« die Kindheit retten kann.

Einige Monate, nachdem ich bei Alexa und den Kindern eingezogen war, entwickelte ich auf einmal eine starke Abneigung, besser einen regelrechten Hass, auf Technik. Das überraschte mich. Bis dahin hatte ich keinerlei Vorbehalte gegen »technisches Gerät« gehabt, wie Alexa es nannte. Ich war jemand gewesen, der sein Handy den ganzen Tag in der Hand hielt und abends bei laufendem Fernseher einschlief. Den Ausdruck »technisches Gerät« kannte ich gar nicht.

Alles fing damit an, dass wir an einem Samstag mit Rasmus in einen Elektronikmarkt fuhren, um einen Nintendo 3DS zu kaufen. Ich weiß noch, dass es ein Samstag war, weil wir eigentlich einen Biobauernhof mit Streichelgehege im Umland besuchen wollten. Stattdessen fuhren wir nun zum Alexanderplatz in den Elektronikmarkt.

»Ich liebe euch«, sagte Rasmus. »Ihr seid die Besten!«

Ich sehe ihn noch auf der Rückbank sitzen, so nah zwischen Alexa und mir, dass er uns abwechselnd umarmen und küssen konnte. Er war damals sieben Jahre alt und noch voller Staunen darüber, dass seine Mutter und ich jetzt eine neue Familie gegründet hatten, in der er unser Sohn war. Denn das ist er von Anfang an für mich gewesen.

Rasmus' Vater war vor zwei Jahren ausgezogen. Er lebte noch immer in derselben Stadt, aber anders als der Vater von Lilly verhielt er sich nicht, als habe er einen Sohn. Er meldete sich nur unregelmäßig oder gar nicht, und jeder konnte sehen, wie das Kind darunter litt. Und was macht man, wenn man es liebt und beschützen will?

Man versucht, es wieder gut zu machen.

»Verwöhnen Sie ihn nicht zu sehr«, sagte seine Lehrerin.

»Tun wir nicht«, sagten wir.

Aber natürlich taten wir es. Wir verwöhnten Rasmus, so gut wir nur konnten, und er war so dankbar dafür. Wenn wir gemeinsam etwas unternahmen, erlebten oder entdeckten, er etwas bekam oder gewann, rief er »Tschüsch!« und »Ohaaa!«, als hätten wir ihn aus einem schlimmen Waisenhaus befreit. Unser Sohn wirkte wie jemand, dem gerade alles zum ersten Mal im Leben passiert und der sich zugleich wundert, dass er das noch erleben darf. Als sei er sehr jung und alt zugleich.

»Ich hätte nie gedacht, dass wir heute einen 3 DS kaufen«, sagte er.

»Wir schauen ihn uns erst mal an, mein Schatz«, sagte Alexa.

»Und dann kaufen wir ihn, ja?«

»Ich hab gesagt, wir schauen ihn uns an.«

»Also ja?«

Als Alexa und ich zusammenzogen, hatten wir uns vorgenommen, dass wir alles, was die Kinder betraf, gemeinsam entscheiden. Ich sollte miterziehen, selbst wenn das schwieriger war, als sich herauszuhalten. Es schien uns der einzige Weg zu sein, eine richtige Familie zu werden. Allerdings hatte ich bis dahin kaum mit Kinderwünschen zu tun gehabt. Ich nahm an, dass man einfach Ja oder Nein sagt, wenn sich ein Kind etwas wünscht. Schließlich ist man der Erwachsene und weiß, was man erlauben möchte und was nicht.

Was den Nintendo 3 DS betraf, so war ich gar nicht von vornherein dagegen. Ich verstand, dass unser Sohn gern auf zwei Bildschirmen und in drei Dimensionen zugleich spielen wollte, wo wir nicht einmal einen Fernseher besaßen. Ich hatte als Jugendlicher selbst eine intensive Computerspielphase erlebt, die ich dann als Erwachsener mit besseren Computern, besseren Spielen und ohne eine Mutter, die einen immer an der unpassendsten Stelle zum Essen rief, noch einmal wiederholte. Also von mir aus konnte Rasmus den Nintendo haben.

Alles in allem war es daher nur logisch, dass Alexa, Rasmus und ich keine fünf Minuten, nachdem wir den Elektronikmarkt betreten hatten, uns schon wieder Richtung Kasse bewegten. In der Hand einen metallicblauen Nintendo 3DS für hundertneunundvierzig Euro, zehn mehr als im Internet, wo er allerdings erst in drei Tagen lieferbar gewesen wäre. Eine Wartezeit, die uns zu Hause noch sinnvoll und richtig, nun aber grausam und willkürlich erschien.

»Ihr seid die besten Eltern der Welt«, sagte unser Sohn.

Komischerweise kam Alexa an der Kasse auf die Idee, dass diese schöne Harmonie womöglich in Gefahr war, wenn Rasmus außer Spielen bald nichts anderes mehr machte. Um den Schaden zu begrenzen, knüpften wir den Kauf daher schnell an Bedingungen. Wir vereinbarten, dass er das Gerät weglegte, wenn wir es sagen, er uns weiterhin auf den Familienausflügen begleitete, regelmäßig den Hamsterkäfig reinigte und schmutzige Socken in den Wäschekorb brachte. Wir rangen Rasmus immer neue Versprechen ab, aber natürlich war er, drei Meter vor der Kasse, zu allem bereit.

»Klar«, sagte er. »Ihr müsst es mir nur sagen.«

Doch schon im Auto hatte er vergessen, dass er das Gerät erst zu Hause auspacken sollte. Er drückte den kleinen Kasten an sein Herz und sagte, dies sei der schönste Tag seines Lebens. In den nächsten Wochen legte er »das Ding«, wie wir es bald nur noch nannten, nicht mehr aus der Hand. Er stand morgens eine Stunde früher auf, um vor der Schule ungestört spielen zu können. Kam er nachmittags aus dem Hort, spielte er weiter. Abends war es in der Wohnung so still, dass wir überhaupt nicht merkten, dass unser Sohn da war.

In einer typischen Szene aus dieser Zeit sitzt unser kleiner Junge in seinem Zimmer auf dem Boden, neben der Steckdose, mit der er den Akku auflädt, damit er sein Spiel nicht unterbrechen muss. Dann gibt es Abendessen.

»Leg bitte das Ding weg. Es gibt Essen.«

»Nur noch fünf Minuten.«

»Nein, bitte jetzt. Das Essen wird kalt.«

»Nur noch das Level zu Ende.«

»Mach es bitte!«

»Aber dann sind meine Punkte weg!«

»Dann speicher das Spiel ab.«

»Das geht nicht.«

Ich weiß nicht, wie oft Alexa und ich in diesen Wochen unverrichteter Dinge aus dem Zimmer zurückkamen. Jedenfalls sehr oft. Wir dachten, es läge am Nintendo, und hassten den Nintendo dafür. Wir dachten, es läge an Rasmus, und hielten ihn für abhängig. Dabei lag es allein an uns, dass unser Sohn seine Kindheit auf diese Art und Weise verspielte. Wir wollten es uns nur nicht eingestehen. Aus verschiedenen Gründen hatten wir beide Angst, klar und deutlich Nein zu sagen. Alexa, weil sie nicht wollte, dass es vor mir deswegen Ärger gab, der die Harmonie unserer Patchworkfamilie störte. Ich, weil ich Angst hatte, dass Rasmus mich nicht mehr mögen würde, wenn ich ihm etwas verbot. Ich war doch nur sein Patchworkvater. Also schoben wir das Nein so lange auf, bis es einem von uns reichte.

»Leg das Ding weg, oder ich nehme ihn weg.«

»Warum sollte ich?«

»Ich zähle bis drei.«

»Na und?«

»Eins.«

»Ich mach das nicht.«

»Zwei, und die letzte Zahl heißt ...«

»Ich hasse euch! Ihr seid die schlimmsten Eltern der Welt!«

Heute weiß ich, dass Kinder so etwas sagen, wenn sie wütend sind, und dass es nichts bedeutet, außer dass sie wütend sind. Damals aber lösten solche Szenen in mir ein glühendes Beben aus. Ich kam mir ausgenutzt vor in meiner Großzügigkeit und vorgeführt in meiner Hilflosigkeit. Als Vater hätte ich handeln können. Als Patchworkvater traute ich mich nicht. Ich sah jetzt, dass ich natürlich nicht so miterziehen konnte, wie ich mir das gedacht hatte. Stattdessen beklagte ich mich bei Alexa, dass Rasmus diesen verdammten Nintendo nicht weglegte, bis sie ihn irgendwann verteidigte und wir beide miteinander Ärger bekamen. Für sie sah es so aus, als greife ich ihr Kind an, dabei war es ihre Unfähigkeit, Nein zu sagen, die mich störte, und meine störte mich natürlich auch. Aber weil uns die Gründe für unsere Unfähigkeit voreinander peinlich waren, erzählten wir dem anderen nichts davon. Statt offen zu sprechen, führten wir Scheindiskussionen. Statt eine Lösung für ein Problem zu finden, das bei uns lag, schoben wir es aufs Kind. Statt es zu klären, machten wir es schlimmer.

Diesen Mechanismus kennen vermutlich auch andere Patchworkfamilien. Irgendwann taucht ein Thema auf, bei dem man anscheinend verschiedener Meinung ist. Es wird immer wieder diskutiert, aber es löst sich nicht auf, stattdessen verhärten sich die Fronten. Ab einem gewissen Punkt haben beide das Gefühl, besser nicht mehr zu sagen, was sie denken, weil es sonst bloß wieder Streit gibt. Bei Alexa und mir war es offenbar das Thema Technik. Aber wäre es wirklich die Technik gewesen, hätten wir es damals schon so behandeln können, wie wir es heute, Jahre später, mit unseren gemeinsamen Kindern machen. Wir geben die Regeln vor und versuchen, sie so konsequent wie möglich einzuhalten. Es ist doch nicht so, dass wir nicht wissen, ab wann es für ein Kind zu viel ist.

Unsere Unfähigkeit, Nein zu sagen, hatte nichts mit Technik zu tun. Sie entstand aus der Angst, dass etwas leichter zerbricht, das nicht durch Verwandtschaft zusammengehalten wird. Dass der eine leichter geht, wenn ihm etwas nicht passt. Dass der andere leichter weggeschickt wird, wenn er sich nicht anpasst. Am Ende ging es bei allen Konflikten, die wir hatten, im Kern nur um die Frage, ob der eine den anderen tatsächlich bedingungslos liebt oder ihn im Stich lassen wird, sobald ein echtes Problem auftaucht. Diese Frage machte die Konflikte überhaupt erst groß. Was uns fehlte, war das Vertrauen, dass wir einander beistehen, was immer auch passiert. Erst dann waren wir so weit zu erkennen, dass ein Computer ein Computer, ein Fernseher ein Fernseher und eine X-Box eine X-Box war und wir Erwachsene es waren, die Nein sagen mussten, um unseren Kindern die Kindheit zu retten.

TANTRAKURS

Alexa erzählt davon,

dass sich Verlustangst am leichtesten im schlimmsten Albtraum auflöst.

Nachdem Marcus und ich ein halbes Jahr zusammen waren, buchte ich für uns ein Vier-Tage-Tantra-Seminar. Es war nicht so, dass wir nicht wussten, wie man Sex hat. Ich dachte eher, es könnte nicht schaden, wenn Marcus und ich mit Hilfe des Spirituellen-Selbstheilungs-Seminars spontan erleuchtet und durch die Kraft der bedingungslosen Liebe uneingeschränkt beziehungsfähig wären. Denn in den letzten Monaten hatten uns einige knifflige Beziehungsprobleme schlaflose Nächte beschert, denen alle die diffuse Befürchtung zugrunde lag, vom jeweils anderen doch nicht unter allen Umständen geliebt zu werden.

Zum Glück war Marcus gleich Feuer und Flamme. Alles, was uns im Zuge des Kennenlernens weitere Anpassungsschwierigkeiten ersparte, war ihm recht. Wir dachten: Wenn wir auf der Tantramatte erst einmal alle Hüllen fallen lassen und uns nackt und schutzlos dem anderen zeigen, überspringen wir die restlichen Missverständnisse, Probleme und Unsicherheiten, die Menschen normalerweise durchwandern, wenn sie sich auf eine Partnerschaft beziehungsweise eine Patchwork-Familie einlassen.

Kurz darauf hockten wir also mit einer Handvoll uns vollkommen fremden Menschen aus Finnland, Neuseeland, Spanien und wer weiß, woher sie noch alles kamen, in einem nach Räucherstäbchen duftenden Dachgeschoss eines Berliner Hinterhofs. Zu unserer Verwunderung waren wir das einzige Paar! Wir hatten gemeint, das sei die Voraussetzung, um an diesem Selbstheilungs-*Retreat* überhaupt teilzunehmen!

Im großen Seminarraum, in dessen Mitte ein riesiger, goldener Pappmaschee-Buddha erstrahlte, tauschten wir Teilnehmer aus, was wir uns von den nächsten vier Tagen erwarteten. Vollkommen ahnungslos und doch irgendwie freudig erregt, sagte ich: »Ich fände es toll, wenn Marcus und ich uns durch die spirituellen Übungen noch näher kommen und wir uns gegenseitig so annehmen können, wie wir sind.« Und Marcus meinte in treffsicherem Jargon: »Ich fände es toll, wenn Alexa und ich lernen, wie wir uns auf seelischer und körperlicher Ebene verbinden können, um in Konfliktsituationen zu mehr Gelassenheit zu finden.« Die anderen sagten Sachen wie: »Ich möchte acht Stunden lang Sex haben.« Oder: »Ich will neue Sexstellungen kennenlernen.« – »Ich bin sextechnisch ganz schön ausgehungert.« Oder sogar: »Ich stehe auf Gruppensex.«

Na ja. Marcus und ich haben da erst mal noch nicht so viel drauf gegeben. Wir dachten, sicher lernen wir jetzt erst einmal ein bisschen was Theoretisches. Über die menschliche Physiognomie, die Nervenbahnen und Meridiane, Massage und vor allen Dingen über Meditation. Stutzig wurden wir erst, als anstatt Schreibutensilien plötzlich *Lungis* ausgeteilt wurden. Diese bengalischen Tücher mit eingewebten Spiegeln sollten wir uns um unsere nackten Körper schlingen. Die Männer knoteten sich so eine Art lockeren Lendenschurz, wir Frauen wickelten uns die Teile wie Badetücher um. Und dann standen wir auch schon rund um den grinsenden Pappmaschee-Buddha und hielten uns an den Händen. Wir sollten zu »Memories« – dem *Cats*-Titelsong – die Augen schließen und entspannen. Was mir nicht so leicht fiel, weil ich mir ununterbrochen die zerzauste Katze *Grizabella* vorstellen und unterdrückt kichern musste. Ich fühlte Marcus' schwitzige Hand in meiner, ich blinzelte in die Runde. Alle anderen hatten andächtig die Augen geschlossen und legten jetzt ihre Hände auf ihre Herzregion, um zu spüren, dass sie »da« waren. Um nicht aufzufallen, machte ich das auch, während Angelo – der Seminarleiter – um uns herumlief und uns darauf einschwor, dass wir in uns ganz viel erotische Energie fühlen. Ich fühlte vor allen Dingen, dass ich mir gleich mächtig in den *Lungi* machen würde, wenn es als Nächstes mit einem Smash-Hit aus dem *Phantom der Oper* weitergehen würde.

Das Lachen verging mir aber relativ schnell, als wir uns alle gegenseitig umarmen sollten. Und zwar INTENSIV. Ganz ehrlich: Ich fand die Vorstellung nicht so prickelnd, dass der Mann, mit dem ich mein Leben verbringen wollte, gleich dieses Dutzend halbnackter Frauen intensiv umarmte. Dabei verlor ich kurz aus dem Blick, dass auch ich gleich von diesen notdürftig bekleideten, megabehaarten Männern intensiv umarmt werden würde. Wir sollten uns dabei gegenseitig Liebe schenken. Ich fand das ziemlich unpassend. Schließlich war ich hergekommen, um ausschließlich Marcus Liebe zu schenken und nicht gleich einem internationalen Nudisten-Komitee!

Dies hier war definitiv ein gewaltiger Angriff auf Marcus' und meine Intimität, die wir doch gerade hatten stärken wollen, um uns miteinander sicherer zu fühlen!

Alle nahmen die Aufgabe ziemlich ernst. Besonders Marcus, den ich die ganze Zeit aus dem Augenwinkel beobachtete. Ich musste mich schon sehr wundern, dass er nicht schnallte, dass es hier anscheinend doch nicht um ein lehrreiches Seminar über Massagetechniken und seelische Verbundenheit ging, sondern ums Fremdfummeln! Aber als wir uns dann umarmten, flüsterte Marcus so zauberhaft in mein Ohr: »Ich stelle mir einfach vor, ich bin der Heiland. Dann geht es.«

»Na gut«, motivierte ich mich. »Machen wir das Beste draus. Gehen wir also auch noch meine ganz persönliche Verlustangst an.« Im Grunde genommen traf sich das gut. Denn die wollte ich sowieso schon seit meiner Geburt loswerden, um mir und der Liebe nicht ständig im Weg zu stehen, indem ich niemanden gefühlsmäßig so richtig an mich heranließ. Ich sagte mir also: »Auf geht's! Was ist schon dabei? Knuddeln wir uns!«

Was mir nicht klar war, dass diese Umarm-Geschichte erst der Anfang war. Für die nächste Übung mussten wir uns nämlich einen neuen Partner suchen, mit dem wir uns intensiv unterhalten sollten. Und zwar in persona unserer Geschlechtsorgane. Das war schon schwieriger zu akzeptieren. Aber mir blieb nichts anderes übrig, als voller Vertrauen zu sein, obwohl Marcus einer beinahe nackten Frau aus *Down Under* dicht gegenüber saß, die als Vagina zu ihm sprach. Insgeheim sprach ich als *SpongeBob* zu meinem aufgeputschten Gegenüber, über dessen *kleinen Freund* ich wiederum sehr viel Verstörendes erfuhr. Ich brauchte Tage, um es wieder zu vergessen.

Sei's drum. Immerhin blieben dabei alle Mann in ihre Lungis gehüllt. Ich war ziemlich stolz auf mich, wie gut ich schon akzeptieren und vertrauen konnte, obschon Marcus vor meinen Augen mit der *Yoni* einer anderen Frau plauderte. Ich dachte, nach dieser heldenhaft bestandenen Prüfung werden Marcus und ich zur Belohnung das restliche Seminar als Paar erleben. Denn so viel hatte ich recherchiert: dass das Paar beim Tantra normalerweise heilig ist.

Nicht so bei dieser Veranstaltung.

Als Nächstes war die »Grabbel-Gasse« dran. So haben Marcus und ich die Übung im Nachhinein genannt. Die »Grabbel-Gasse« bedeutete, dass sich alle zwanzig Teilnehmer in einer Art Schleuse aufstellten, durch die sich einer nach dem anderen langsam mit geschlossenen Augen hindurchbewegen sollte, während die restliche Mannschaft an ihm herumstreichelte, ihn sinnlich berührte – egal wo! Marcus und ich standen uns am Anfang »der Gasse« gegenüber und machten uns mit unseren Augen gegenseitig Zeichen, dass unsere Verbindung unerschütterlich ist. Egal, was auch passierte. Das war ein erhebender Moment, den ich gerne noch viel länger ausgekostet hätte. Aber da legte Angelo – der Chef der Veranstaltung – uns beiden auch schon die Hand auf die Schultern und sagte feierlich: »Einer von euch darf anfangen! Wer will?« Nie werde ich Marcus' Anblick vergessen, wie er mich mit einem riesigen, leuchtenden P – für Panik – in den Augen anstarrte.

Es fühlte sich so an, als seien wir die unglückseligen Passagiere der untergehenden Titanic. Als würde nur einer von uns beiden ins Rettungsboot passen und mit dem Leben davonkommen. Ich schmelze noch heute dahin, wenn ich daran denke, wie Marcus sich mir zuliebe »opferte« und sich als Erster mit geschlossenen Augen durch die Grabbel-Gasse bewegte. Bevor er lostaumelte, raunte er mir noch schnell zu: »Ich warte am anderen Ende auf dich. Du schaffst es!«

Alle fassten Marcus an! Frauen. Männer. Egal wie. Egal wo! Und ich musste es geschehen lassen, um nicht doch noch das Zittern zu kriegen. Ich musste darauf vertrauen, dass nichts und niemand es schaffte, unsere junge Liebe zu torpedieren. Ich fand es beispiellos, wie gut Marcus diese Aufgabe hinbekam. Ich meine, wir befanden uns wirklich in einer absoluten

Ausnahmesituation. In einer Art *Gangbang*, obwohl wir uns eigentlich spirituell hatten fortbilden wollen!

Dann war ich an der Reihe. Es gab kein Entkommen. Alle verlangten schon sehnsüchtig nach mir und meinem Körper. Ich schloss die Augen und es war ein einziger superkrasser Spießrutenlauf – aber ich wusste, Marcus wartet am Ende auf mich. Ich werde es schadlos überstehen. Es ist, wie es ist. Diese vierzig Hände, die mich überall achtsam anfassten! Würg! Kein Ding! Kein Urteil, sagte ich mir. Ich habe nichts gegen das, was ist. Es geht vorbei.

Und dann folgten alle anderen Teilnehmer, die wir anfassen sollten – egal wie. Egal wo! Die Stimmung war schon ziemlich aufgeheizt und es war klar, dass Spielverderber hier nicht willkommen sind! Ich war ganz im Hier und Jetzt. Jeder noch so winzige Gedanke daran, wie absurd das war, hätte mich schwer traumatisiert. Ich sah, wie Marcus den Frauen auf die Stirn fasste, als hätten sie Fieber, oder sie hinten am Rücken leicht anschob, damit sie schneller durch die Gasse wankten. Ich rubbelte den Männern ein bisschen an der haarigen Schulter, während andere spontan den Lungi wegrissen, richtig zupackten und ekstatisch stöhnten.

Kaum hatten wir den Vormittag überstanden, im Aufenthaltsraum ein paar Schnittchen und in der Kaffeeküche ein paar Gummibärchen vertilgt, war es für Marcus und mich an der Zeit, eine nackte Frau mit Öl zu massieren. Ich dachte wieder: »Das überlebe ich emotional nicht.« Aber dann brachte ich mich erneut dazu, nichts dagegen zu haben. Und zu vertrauen. Darauf, dass Marcus, mir und unserer Verbindung nichts passieren konnte. Egal, wie viele nackte Frauen wir noch würden massieren müssen! Und Marcus schaffte es tatsächlich, besagter Seminarteilnehmerin eine halbe Stunde lang nur die Ohrläppchen durchzukneten, während ich so ein bisschen die Durchblutung in ihren Armen und Beinen vorantrieb. Um uns herum ging es pettingmäßig schon ordentlich zur Sache, als ich merkte, wie das Band zwischen Marcus und mir immer unzerstörbarer wurde.

Dramatisch wurde es dann aber doch, als der Seminarraum abgedunkelt und überall Reisigmatten ausgelegt wurden. Wir alle waren nur noch mit Augenbinden aus schwarzem Satin bekleidet und Angelo, der Seminarleiter, und Ashanti, seine Assistentin, brachten immer einen Mann und eine Frau auf einer Matte zusammen. Mein Freund und ich klammerten uns aneinander fest und nun flehten wir doch, dass wir unbedingt auf eine Matte wollen. Wir wurden von Angelo und Ashanti erhört. Und während um uns herum das unglaublichste Gestöhne und Geröhre losging und vermutlich einige der Teilnehmer intensiven Sex miteinander erlebten, kauerten Marcus und ich auf unserer kleinen Matte – als hätten wir es doch gemeinsam in ein Rettungsboot geschafft. Mit unseren *Fifty-Shades-of-Grey*-Augenbinden auf dem Kopf flüsterten wir uns gegenseitig mantramäßig zu: »Ich liebe dich!« Es war richtig großes Kino!

Nach diesem Tag waren Marcus und ich einigermaßen durch den Wind. Und sehr erschöpft. Aber irgendwie auch erleuchtet. Vom vielen Annehmen und Loslassen. Wir hatten durch die tantrischen Übungen noch näher zueinander gefunden. Zwar nicht auf körperlicher Ebene, so, wie Angelo sich das gewünscht hätte, sondern durch die Erfahrung, dass wir uns – egal was passiert – nicht voneinander abwenden, sondern uns beistehen. Und wir hatten erkannt, dass ein verstörendes Erlebnis das Potential hat, die größtmögliche Verbundenheit hervorzubringen.

DER GRÖSSTE ABENTEURER VON ALLEN

Marcus erzählt davon,
dass man nicht weit gehen muss, um bei sich selbst anzukommen.

Die erste große Reise, die Alexa, ihre beiden Kinder und ich zusammen unternahmen, war unsere Hochzeitsreise. Eigentlich wollten wir von Berlin nach Peking fahren. Mit dem Auto. Zehntausend Kilometer. In den Sommerferien. Aber bloß kein Stress. Alles ganz entspannt.

Warum ausgerechnet Peking?

Vermutlich hatte mich Alexa abends, nachdem wir Rasmus und Lilly ins Bett gebracht hatten, nur gefragt, wie weit es bis Peking ist. So wie sie mich gefragt hatte, wo Indien am schönsten ist, was es in Usbekistan zu sehen gibt und wo Casablanca liegt.

Bis Alexa und ich uns trafen, waren sie und ihre beiden Kinder kaum weiter gereist als bis nach Dänemark. Alexa kam aus einer Familie, die vor allem innerhalb Deutschlands Urlaub machte. Im Sommer waren sie mit Oma und Opa auf Rügen gewesen. Alles, was weiter weg war, bezeichnete Rasmus damals als »Außenland«, was, wenn er es mit seiner Kinderstimme sagte, ebenso magisch wie unerreichbar klang. Aber jetzt war ich ja da. Ich kannte die Wege dorthin. Ich konnte mein Glück kaum fassen.

Seit ich mit achtzehn Jahren allein auf einer Fähre nach Griechenland gefahren war, unter mir eine Isomatte und über mir der Nachthimmel, bedeutete Reisen für mich Abenteuer. Vielleicht lag es daran, dass ich in der DDR groß geworden bin und es wohl nie weiter als bis an die Ostsee oder ins Erzgebirge geschafft hätte, wäre die Mauer nicht gefallen. Vielleicht lag es auch daran, dass ich aus einer Familie komme, die zu Extremismus neigt, wenn es darum geht, sich von anderen abzuheben, und zwar am liebsten bei Dingen, die alle anderen auch machen – wie zum Beispiel Urlaub.

Wenn ich eine Reise antrat, ging es mir nie darum, mich zu erholen. Nein, es musste anstrengend, kompliziert und unerhört sein. Sonst machte es keinen Spaß.

Ich hatte in Zentralafrika mit Pygmäen im Dschungel gejagt und mir dort einen Virus eingefangen, der mich innerhalb von Minuten komplett lähmte. Ich war zum Basislager des Mount Everest aufgestiegen, war in Saigon während der Rushhour Moped gefahren und hatte vor Jahren auf den Andamanen eine noch fast touristenfreie Insel entdeckt. Die Stempel in meinem Reisepass wiesen mich als Abenteurer aus und ich konnte es kaum erwarten, meine neue Familie überall dorthin zu bringen, wo ich noch nicht gewesen war.

Wenn Alexa mich also fragte, wie weit es von Berlin nach Peking ist, antwortete ich ihr wie Marco Polo höchstpersönlich – und zwar sowohl wie Marco Polo, der große Reisende, als auch wie Marco Polo, der kleine Reiseführer, der jeden beliebigen Ort auf der Welt urlaubsfertig aufbereiten kann.

»Von Berlin nach Peking sind es genau 7356 Kilometer«, sagte ich.

»Kann man da auch mit dem Auto hinfahren?«

»Nun ja«, sagte ich. »Dann sind es allerdings ein paar Kilometer mehr.«

Direkt nach unserem Peking-Gespräch arbeitete ich eine Route aus, die über Russland, Kasachstan und die Mongolei führte, was mir schlauer zu sein schien, als mit Alexa und den Kindern den Iran, Afghanistan und Pakistan zu durchqueren. Ich informierte mich über einen familientauglichen Geländewagen, den Einbau eines zweiten Tanks, einer dritten Sitzbank und eines Dachzeltes, weil ich mit der Suche nach Hotels unterwegs keine Zeit verlieren wollte. Außerdem recherchierte ich Adressen von Gebrauchtwagenmärkten in China, da wir das Auto dort würden verkaufen müssen, wollten wir sechs Wochen später und also rechtzeitig zum Ende der Sommerferien wieder in Berlin sein. Alles in allem war so eine Reise, noch dazu mit zwei Kindern, anstrengend, kompliziert und im Grunde Wahnsinn – aber genau so wollte ich es.

Heute kann ich kaum sagen, warum mir das damals so wichtig war. Natürlich wollte ich mich vor Alexa und ihren Kindern interessant machen. Sie sollten das Gefühl bekommen, dass ihre Welt mit mir größer wurde. Aber es ging nicht nur um sie. Es ging auch um mich. Ich brauchte das Gefühl, dass so eine gewaltige Reise auch mit Familie noch möglich war, den Beweis, dass wir uns niemals einschnüren lassen würden in all die Abläufe und Notwendigkeiten, die jede Familie kennt und denen scheinbar niemand entkommen kann. Dass uns – und damit mir – das passieren könnte, davor hatte ich die größte Angst.

Wer würde ich sein, wenn ich kein Abenteurer mehr war? Einfach nur ein Familienvater? So wie jeder andere auch?

Das erschien mir wie Sterben.

Zäh hielt ich an der Pekingreise fest, die ich zu unserer Hochzeitsreise machen wollte, und brachte Alexa jeden Abend auf den neuesten Stand meiner Recherchen, bevor wir über die Hochzeit sprachen, die ja auch noch zu organisieren war. Meine zukünftige Frau hörte sich alles geduldig an und stellte nur hier und da eine Frage, etwa, wie es unterwegs mit der medizinischen Versorgung bestellt sei und was wir unternehmen würden, sollte es bei der Schwangerschaft zu Komplikationen kommen, immerhin würde sie dann im vierten Monat sein. Ich versuchte ihr auf alles, so gut ich konnte, zu antworten, aber je länger ich redete, umso unwahrscheinlicher hörte sich das Ganze auch für mich an. Alexa schien das nicht zu stören, sie freute sich, dass wir wenigstens den Plan hatten, während ich mir wie ein Verlierer vorkam, wenn wir ihn nicht umsetzten.

Ich wollte von Peking nicht lassen.

Vermutlich habe ich erst an jenem Abend, als wir erkannten, dass wir die Torte für unsere Hochzeit aus Kostengründen selbst backen müssen, eingesehen, dass uns die Reise nach Peking in jeder Hinsicht überfordern würde und dass das auch für die Ostsee-Umrundung galt, die ich alternativ dazu angedacht hatte. Also mieteten wir ein Wohnmobil und brachen zwei Tage nach der Trauung nach Istanbul auf.

Warum Istanbul? Keine Ahnung. Wir waren beide noch nicht da gewesen und außerdem klang es unerhört. Wenigstens solange wir nicht mit dem Flugzeug da hinkamen.

Unser Wohnmobil verfügte über sechs Betten, eine Dusche und Toilette und war fast so groß wie das Zimmer von Lilly. Der Vermieter nahm sich eine volle Stunde Zeit, um uns auf dem Garagenhof vor seinem Büro zu erklären, was wir an seinem Auto alles kaputt machen können und dass er uns das alles von der Kaution abziehen würde. Trotzdem – in dem Moment, als wir mit prall gefülltem Kühlschrank auf die Autobahn einbogen, stellte sich dieses Gefühl von Aufbruch ein, auf das ich so gehofft hatte. Wir waren frei. Eine mobile Einheit. Ganz auf uns gestellt. Wir hatten alles und brauchten niemanden.

Diesmal hatte ich mir ganz bewusst nichts vorgenommen. Bloß keine Pläne, keine Termine, keine Vorgaben. Ich wollte, dass wir jederzeit spontan reagieren konnten.

Ich hatte lediglich einen kleinen Schlenker über die Adria eingeplant, als ich auf Google Maps sah, dass wir schon in dreiundzwanzig Stunden in Istanbul sein würden, wenn wir den direkten Weg über Wien, Budapest, Belgrad und Sofia nahmen. Lilly und Rasmus hatten noch nie das Mittelmeer gesehen und freuten sich wahnsinnig darauf zu baden. Alexa freute sich über alles, was ich vorschlug, und ich fand eine Fahrt durch das Kosovo reizvoll, das jetzt, wo wir noch an der Adria vorbeischauten, sozusagen an der Strecke lag. Unterwegs konnten wir überall anhalten, wo es schön war. Wofür hatten wir schließlich ein Wohnmobil?

Überraschenderweise stellte sich bereits in Österreich heraus, dass wir mit unserem Wohnmobil eben nicht überall anhalten konnten, sondern einen Standplatz brauchten, und dass nicht nur uns das so ging, sondern allen, die mit einem Wohnmobil unterwegs waren. Entsprechend vollgestellt war der Campingplatz, auf dem ich unsere rollende Schrankwand mit Hilfe der Heckkamera und unter Aufsicht mehrerer interessierter Urlauber zwischen zwei baugleiche Modelle einparkte. Später saßen wir auf unseren Campingstühlen am Campingtisch und aßen Campingkocheressen, bevor wir in die öffentlichen Duschen gingen – und alle Leute um uns herum taten dasselbe. Gerade noch waren wir zu einem Abenteuer aufgebrochen, das sonst niemand machte, da verhielten wir uns schon wie alle anderen auch.

Ich gab Österreich die Schuld und hoffte auf den Balkan. Der Balkan, das war für mich Osten. Hier gehörte ich als Ostdeutscher im Grunde zu den Einheimischen. Wir Ostler kamen einfach besser zurecht, wenn die Dinge laxer gehandhabt wurden.

Nachdem wir am nächsten Tag die Alpen überquert hatten, fuhren wir ohne Umwege in den heißesten Sommer hinein, den Kroatien je erlebt hatte. Im Auto herrschten fünfzig Grad und die Klimaanlage reichte nicht bis auf die Rücksitze, auf denen die Kinder fast besinnungslos wurden vor Hitze. Der Kühlschrank fiel aus, unsere Vorräte verdarben und die Toilette fing an zu stinken. Später – die Heckkamera hatte inzwischen ebenfalls den Geist aufgegeben – verkeilten wir uns derart in den Gassen einer kroatischen Altstadt, dass mehrere Autos umgeparkt werden mussten, damit wir wieder freikamen. Als sich der einsame Stellplatz mit Meerblick, den ich aus dem Reiseführer herausgesucht hatte, als rasenloser Fußballplatz an einer Straßenkreuzung herausstellte, lenkte ich unser Wohnmobil in den Hafen des nächsten Ortes und parkte es so, dass wir direkt aufs Wasser sehen konnten, wenn wir aufwachten. Am nächsten Morgen weckte uns die Polizei und sagte, dass sie uns abschleppen lassen würde, wenn wir nicht binnen zehn Minuten verschwinden.

Da gaben wir es auf und gingen ins Hotel.

Ich habe Rasmus selten so glücklich gesehen wie an dem zubetonierten und dicht an dicht mit Handtüchern belegten Strand vor dem Hotel. Er verbrachte den ganzen Tag im Wasser, tauchte, schnorchelte und beobachtete Fische, während sich Lilly sonnte oder las oder mit mir die Gegend erkundete. Die Kinder mochten den Ort, obwohl er nur aus lauter Hotels, Restaurants und Souvenirläden bestand. Nachdem wir abends unser Essen im Hotel wie alle anderen vom Büfett geholt hatten, sahen sie fern oder gingen auf Facebook. Sie hatten das Gefühl, wir seien angekommen, so sei es eben in Kroatien, während ich hektisch mehrere Reiseführer auswendig lernte auf der Suche nach dem einsamen Strand, der malerischen Insel und dem ursprünglichen Hafenstädtchen, die es hier doch irgendwo geben musste. Als wir nach ein paar Tagen aufbrachen, waren die Kinder traurig, aber ich versprach ihnen, dass es noch viel schöner werden würde.

Von nun an übernachteten wir jede Nacht im Hotel und fuhren am nächsten Morgen weiter. Wir schoben uns die kurvenreiche Küstenstraße hinunter, setzten auf Inseln über, wendeten ins Landesinnere, aber überall schien Kroatien aus den gleichen Hotels, den gleichen Souvenirläden und den gleichen betonierten Stränden zu bestehen, in jedem Restaurant bestanden alle Gerichte aus Fleisch. Ich hatte mir das alles ganz anders vorgestellt.

Alexa und die Kinder versicherten mir, dass ihnen unsere Reise wirklich sehr gut gefiel, aber ich glaubte ihnen nicht. Immer wieder bog ich in ein kleines Fischerdorf ein oder nahm einen unscheinbaren Feldweg in die Berge, in der Hoffnung, dass er in einem Abenteuer enden würde. Es war, als tobte ein riesiger Sturm in meinem Kopf, der mich vorwärtspeitschte – und meine arme Familie auch. Aber dann kam nie etwas, für das sich der Umweg gelohnt hätte, und wir hatten wieder nur Zeit verloren.

»Wann sind wir denn in Istanbul?«, fragte Rasmus.

»In etwa zwei Wochen«, sagte ich.

»So lange noch?«

»Ja, leider.«

»Und wie lange bleiben wir dann da?«

»Zwei Tage.«

Nach zwei Wochen hatten wir es bis Mostar geschafft, was die Hälfte der Strecke war. Wir saßen im muslimischen Teil der Stadt in einem Museum, in dem es nichts gab außer einem stillen Innenhof mit einem Springbrunnen und zwei Schildkröten, die sich wie in Zeitlupe über das Pflaster bewegten. Wir verbrachten hier die schönsten drei Stunden unserer gesamten Reise. Danach brachen wir ab und machten uns wieder auf den Heimweg, auf dem uns in Slowenien ein Tanklaster streifte und einfach weiterfuhr. So verloren wir am Ende auch noch die Kaution für das Wohnmobil.

Zurück in Berlin, fragten uns Freunde, warum wir uns kein Ferienhaus in Dänemark genommen hätten. Dänemark sei nett, alles sei unkompliziert und ideal für Kinder. Ich musste zugeben, dass das nach einem Urlaub klang, der uns gutgetan hätte. Gleichzeitig war es genau der Urlaub, den ich nie machen wollte. Wenn es einen Ort gab, an dem ich mich als Abenteurer begraben fühlte, dann in einem Ferienhaus in Dänemark.

Vielleicht hatte es ja doch alles am Wohnmobil gelegen.

Ein Jahr später waren wir mit unserem eigenen Auto unterwegs. Wir wollten von Berlin nach Marrakesch fahren, aber wir kamen bloß bis Barcelona. Alexa war auch wieder schwanger. Den Sommer darauf fuhren wir dann in ein Ferienhaus nach Dänemark.

Wir gingen zum Strand, ließen Drachen steigen, besuchten einen Streichelzoo und sahen uns die Fischerdörfer an, von denen jedes eine kleine weiße Kirche hatte. Mehr gab es nicht zu tun. Manchmal fiel es mir schwer, diese Ruhe auszuhalten, aber dann erinnerte ich mich an den Stress, unter dem ich auf unseren vorangegangenen Reisen gestanden hatte, und ich verstand, dass die Ruhelosigkeit, die über all diesen Expeditionen lag, von mir ausgegangen war. Ich war immer Aufbruch, nie Ankunft, weil ich dachte, dass es, um anzukommen, einen ganz bestimmten Ort braucht. Dabei hätte immer der genügt, an dem Alexa und unsere Kinder und ich gerade waren. Aber genau da war ich viel zu selten.

Bin ich deshalb noch ein Abenteurer?

Ehrlich gesagt, ich habe aufgehört, mir diese Frage zu stellen. Gleichzeitig bin ich es wohl mehr als jemals zuvor in meinem Leben. Das liegt daran, dass sich mein Abenteuer heute nicht mehr auf das Reisen beschränkt, das mir einen Ausflug vom Alltag verschaffen soll. Ich bin der Mann meiner Frau und Vater für fünf Kinder. Unser Alltag ist das Abenteuer und ich muss ihn nicht erst dazu machen. Er ist es von ganz allein. Wenn wir morgens aufstehen, wissen wir nie, was der Tag uns bringt, welche Freuden, Katastrophen, Einsichten – nur dass es immer neue sind. Alles ist möglich. Alles kann passieren. Dafür müssen wir nicht bis ans Ende der Welt reisen. Aber natürlich könnten wir.

WAS, WENN ER MICH FÜR EINE ANDERE FRAU VERLÄSST?

Alexa erzählt davon,
wie sinnlose Gedanken Panik auslösen und wie man sie unschädlich macht.

Auf unserer Hochzeitsreise quer durch den Balkan bekam ich plötzlich Angst, dass Marcus mich für eine andere Frau verlässt. Mit einem Mal war diese Panik in meinem Kopf und ich wurde sie nicht mehr los. Vermutlich, weil ich mein Schicksal nun per Trauschein endgültig in Marcus' Hände gelegt hatte. Ständig hallte dieser eine Satz in meinen Gehirnwindungen wider: »Was, wenn Marcus mich für eine andere Frau verlässt?«

In sengender Hitze kurvten wir mit dem Wohnmobil durch Zadars enge Gassen, wir schlenderten an kroatischen zubetonierten Stränden entlang, an Nippesbuden mit bunten Slushy-Ständen vorbei. Marcus nahm mich immer wieder verliebt in den Arm oder strich über meinen gewölbten Babybauch, stolz, bald Vater zu werden. Ich lächelte ihn freundlich an und dachte nur immer wieder mit einem dicken Kloß im Hals: »Was, wenn er mich für eine andere Frau verlässt?«

Dieser sinnlose Gedanke wiederholte sich wie eine kaputte Schallplatte, die einen gehörigen Sprung hat. Sobald ich mal für Minuten glücklich oder entspannt war, hämmerte der Gedanke schon wieder mit Schwung auf meine Synapsen. »Was, wenn er mich für eine andere Frau verlässt?« Ich sah Lilly und Rasmus zu, die sich im türkisfarbenen Wasser gegenseitig fröhlich mit Seegurken bewarfen, und am azurblauen Himmel leuchtete der alles vernichtende Satz: »Was, wenn er mich für eine andere Frau verlässt?«

Plötzlich erschien mir alles so zerbrechlich, als sei es reine Glückssache, wenn ein Mann und eine Frau es schafften, miteinander ihr Leben zu verbringen. Niemals hätte ich mich auf so ein Himmelfahrtskommando einlassen dürfen! Unsere Ehe war gerade ein paar Tage alt und ich stellte mir bereits ihr Ende vor. Während wir mit anderen sonnenverbrannten Urlaubern eine Bootstour inklusive Delfinen machten, versuchte ich diesen unauflösbaren Satz wie den Enigma-Code zu knacken. Was natürlich unmöglich war. Woher sollte ich jetzt wissen, ob Marcus mich in der Zukunft für eine andere Frau verließ und was genau ich in diesem Fall tun würde? Zumal nichts darauf hindeutete!

So wurden die Flitterwochen zur deprimierendsten Zeit meines Lebens. Es gab kein Entkommen aus meinem Kopf. So sehr ich es auch versuchte. Immer war da diese Frage. Ich versuchte, sie mir auszureden, vernünftige Gründe zu finden, warum diese Sorge Quatsch war. Aber ich fand auch genügend Argumente, warum diese Sorge überhaupt kein Quatsch war. Mir fielen Statistiken ein, die belegten, dass jede zweite Ehe geschieden wurde – bei Patchworkfamilien sah die Prognose noch viel übler aus. Mir fielen unzählige Ehen ein, die gescheitert waren. Allein Elisabeth Taylor war achtmal verheiratet gewesen! Mein Opa dreimal! Mir fielen Geschichten von zerstrittenen Eheleuten aus der Nachbarschaft ein, von denen mir meine Mutter als Kind erzählt hatte. Ganz zu schweigen von meiner Klassenkameradin Katrin, deren Vater über Nacht mit einer jüngeren Frau durchgebrannt war! Meine beste Freundin Theresa, die sagte: »Meine Ehe ist der letzte Mist!« Ich sollte mal abwarten, bis ich zehn Jahre verheiratet wäre, da sei es mit dem Spaß und der Verliebtheit vorbei. Ohne Wenn und Aber. Das sei eben der Lauf der Dinge. Dagegen könne man nichts machen. »Da hat man unausweichlich das dringende Bedürfnis, mit anderen Leuten Sex zu haben!«

Wir besuchten die Unesco-Welterbe-Wasserfälle, die sich rauschend und schäumend in ein gewaltiges Felsenbecken ergossen, und Marcus rief immer wieder: »Das ist doch wie im Film!« Ich lächelte tapfer dazu, wie er und die Kinder sich in Badehosen gegenseitig unter den Sturzbächen fotografierten, und dachte: »Hoffentlich verlässt er mich nicht für eine andere Frau.« Es half auch nichts, dass ich meinem Urgroßvater insgeheim die Schuld für meinen nervigen Gedanken gab. Der Erzählung nach soll er ein richtiger Ladykiller gewesen sein. Zum Leidwesen meiner Uroma. Weswegen die weibliche Seite meiner Familie Männer für skrupellose Betrüger hielt. Kein Wunder also, dass ich vermuten musste, dass mein Mann ebenfalls skrupellos war.

Auf der anderen Seite kannte ich diese absurden Gedanken schon, die sich plötzlich wie Parasiten in den Kopf setzten und dort seelenruhig Panik verbreiteten – und alles Argumentieren sie nur noch stärker und bedrohlicher machte. Bereits in meiner Kindheit hatte ich mit einem von diesen Gedanken Bekanntschaft gemacht, die schwieriger abzuschütteln waren als ein durchgekauter Kaugummi im Haar. Damals hatte ich über Monate überlegt: »Was, wenn ein Komet auf die Erde trifft und alles Leben zerstört?«

Tröstlich war nur, dass ich von meiner Freundin Viola wusste, dass auch sie sich gerne mal über ungelegte Eier Sorgen machte. Sie hatte zum Beispiel Angst vor Demenz und prüfte ständig, ob sie gerade etwas vergessen hatte. Ihr Lieblingssatz: »Entschuldige, was hast du gerade gesagt?« Ständig war sie mit ihren Gedanken sonst wo, wodurch sie immer nur die Hälfte mitbekam. Was sie wiederum als Beweis für ihre Demenz nahm.

Wie auch immer. Aus der Erfahrung wusste ich also, dass diese Sorgen um unkontrollierbare, weit in der Zukunft liegende Geschehnisse durchaus die Macht hatten, einem große Teile der Kindheit und Jugend zu verderben. Und das ganze restliche Leben. Ich wusste auch, dass diese Angst-Gedanken im Grunde genommen komplett überflüssig waren. Die Dinge, vor denen man sich fürchtete, traten eigentlich nur selten ein. Zumindest hatte bisher kein Komet die Erde zerstört. Aber auch diese Tatsache nahm mir nicht meinen belastenden Gedanken, der mich mehr und mehr – wie meine Freundin Viola – in die Abwesenheit trieb. Dauernd fragten mich Marcus oder die Kinder besorgt: »Ist alles in Ordnung mit dir?«

In Dubrovnik – als wir auf der beeindruckenden Stadtmauer entlangspazierten und ich meinen Blick über die glitzernde Adria schweifen ließ – sah ich meine Ehe quasi schon als gescheitert an. Es war nur eine Frage der Zeit, wann Marcus mir eröffnen würde, dass er sich in eine andere Frau verliebt hatte. Ich sah entsetzliche Schmerzen auf mich zukommen. Nachts wünschte ich mir sogar, ich sei schon am Ende meines Lebens angekommen, nur um zu wissen, ob vielleicht doch alles mit unserer Ehe gut ausgegangen war. Diese Unsicherheit, dass mir, uns etwas passieren könnte, war verheerend. Dabei passierte ständig etwas Unvorhergesehenes auf der Fahrt – was ich aber vor lauter Abwesenheit gar nicht mehr richtig mitbekam. Im Morgengrauen wurden wir von der Polizei beim Wild-Campen erwischt, eine halbe Nacht saßen wir total übermüdet vor unserem Hotelzimmer und kamen nicht rein, weil das Türschloss kaputt war. Zusätzlich schrammte ich mir beim Schwimmen in einem Hafenbecken den gesamten Unterschenkel an einem schroffen Felsen auf. Aber egal, was auch während unserer dreiwöchigen Reise durch den Balkan passierte, nichts war so intensiv wie mein Gedanke.

Eines Tages rief Marcus eine Kollegin an, um wegen der Arbeit irgendetwas zu regeln. Ich thronte neben ihm in unserem überhitzten Wohnmobil und es müffelte ein wenig, weil der Kühlschrank ausgefallen und die chemische Toilette randvoll war – aber alles kein Problem für mich. Doch dann, als Marcus mit dieser Kollegin so *freundlich* sprach, platzte es aus Versehen aus mir heraus: »Na, ihr versteht euch aber gut!«

Marcus legte hastig auf und sagte: »Sie ist lesbisch.«

Das war mir so was von egal. Ganz ehrlich, ich war mir sicher, dass die beiden etwas miteinander hatten.

Natürlich hätte ich mit Marcus gerne über meinen quälenden Gedanken gesprochen. Aber leider dachte ich damals noch, dass man solche Gedanken niemals zugibt. Denn sie erzählen ja insbesondere davon, wie wahnsinnig, wie peinlich, wie schwach, wie jämmerlich, wie abhängig man ist. Niemals wollte ich Marcus mein wirklich mickriges Innerstes zu erkennen geben. Er sollte schließlich denken, dass ich alles unter Kontrolle hatte. Sogar mich selbst. Immerhin hatte ich mein halbes Leben damit zugebracht, möglichst emanzipiert und unabhängig rüberzukommen. Dieses Image wollte ich so lange wie möglich aufrechterhalten. So, wie *Alexis Colby* aus dem *Denver Clan*. Von der ich bereits als Teenager-Mädchen gelernt hatte, dass eine starke Frau dem Partner jederzeit suggerierte: »Ich kann auch ganz prima ohne dich!«

Auf der anderen Seite – was hätte Marcus sagen sollen? »Ich verlasse dich doch nicht?« Woher wollte er das wissen? Menschen tun die dümmsten Dinge. Ich war ja selbst auch schon geschieden! Ich wusste, wie schnell so etwas ging. Trotz Kindern! Marcus hätte mir natürlich auch wieder und wieder seine Liebe schwören können, aber auch das hätte nichts gebracht. In meiner Stimmung hätte ich vermutlich sogar gedacht: »Alles Lüge!« Die Tatsachen, dass ich einen goldenen Ring am Finger hatte und schwanger war, halfen mir eben auch nicht weiter. Ich erkannte, dass ich mir ganz dringend selbst helfen musste, wollte ich mich nicht immer mehr von Marcus und meinen Kindern entfernen und wieder in diese alles verschlingenden, rabenschwarzen Gefilde abstürzen, die ich während meiner Pubertät ausgiebig bewohnt hatte, als ich nicht mehr von dem Trip runterkam, ich sei zu dick.

Als wir im lieblichen Slowenien ankamen, hatte ich genug. Ich wollte nicht mehr über die schmerzvolle Zukunft nachdenken, die ja nur eine Erfindung meiner Angst war. Ich wollte jetzt nicht unter etwas leiden, das nur in meinem Kopf war. Und ich wollte Marcus nicht durch die Brille der Vergangenheit angucken, als sei er mein lebensfroher Urgroßvater. Das hatte er natürlich nicht verdient. Trotzdem! Ganz ehrlich: Er hätte Jesus sein können – ich hätte ihm misstraut. Oder der Dalai Lama …

Und mit dem Dalai Lama erinnerte ich mich plötzlich daran, dass mir meine Freundin Viola mal was von *Buddhas Brain* erzählt hatte. Demnach war es wohl so, dass jeder quälende Gedanke sich eine Art Schneise ins Gehirn frisst und dass durch diese Schneise der quälende Gedanke ungehindert strömen kann. Immer und immer wieder. Viola hatte mir aber auch erzählt, dass jeder Mensch die Möglichkeit hat, diese Schneise quasi zuzuschütten. Bestimmt hat sie es nicht so formuliert – aber so hatte ich es in Erinnerung behalten. Also habe ich mir vorgenommen, meine »Was, wenn er mich für eine andere Frau verlässt«-Gedanken-Schneise zuzuschütten. Und zwar mit der ganz simplen Feststellung: »Dieser Gedanke interessiert mich nicht.« Viola hatte gemeint: »Das hilft! Ich habe schon viel weniger Angst vor Demenz!«

Wann immer dieser zugegeben inzwischen wirklich extrem langweilige Gedanke in meinem Kopf auftauchte, den ich in den vergangenen Wochen schon zehntausendmal im Stillen durchdiskutiert hatte, um mich innerlich gegen etwas zu wappnen, das gar nicht da war, sagte ich mir jetzt als Antwort: »Dieser Gedanke interessiert mich nicht.« Und puff, ließ ich ihn, wie ein weißes Wattewölkchen, aus meinem Kopf entweichen. Das wiederholte ich wieder und wieder, bis ich merkte, dass der »Was wenn er mich für eine andere Frau verlässt«-Gedanke an Kraft verlor und meine Schneise im Kopf tatsächlich irgendwie zugeschüttet wurde. Der Gedanke kam seltener und seltener, bis er ganz und gar als weißes, harmloses, substanzloses Wölkchen in die Ewigkeit verschwand.

MÄNNERTRIP

Marcus erzählt davon,
warum manche Freundschaften nach der Familiengründung aus der Kurve fliegen.

Als ich Alexa begegnete, hatte ich drei beste Freunde. Zwei davon kannte ich schon seit dem Studium. Einen kannte ich erst seit ein paar Jahren. Aber mit ihm verbrachte ich die meiste Zeit. Ich hatte ihn auf einer Gartenparty in Köln getroffen und mochte ihn auf Anhieb. Sein Name war Franz. Er war der witzigste Mensch, den ich je kennengelernt habe. Aber das hatten mir die Leute auf der Party schon vorausgesagt, als er noch nicht da war. Denn er war auch für sie der witzigste Mensch, den sie kannten.

Damals hatte sich gerade meine Freundin von mir getrennt. Zwölf Jahre waren wir zusammen gewesen und ich wusste noch nicht, wer ich ohne sie sein sollte. Auch wenn ich nicht mehr in der Phase war, in der ich gar nicht unter Leute gehen wollte, kam ich mir doch immer noch vor wie ein halber Mensch, und es kostete mich unheimlich viel Kraft, das zu verstecken. Noch im Zug nach Köln fand ich den Aufwand, Berlin für eine Gartenparty zu verlassen, absurd, aber zu Hause zu bleiben, das war auch keine Lösung.

Ich erinnere mich, dass Franz an dem Abend mit einer Frau kam, die seine Freundin war, aber, auch das hatten die Leute schon erzählt, es sicher bald nicht mehr sein würde. Die beiden redeten kaum miteinander, und wenn, wirkten sie wie ein Paar, das weiß, dass es zu Ende geht, es musste nur noch einer von ihnen sagen. Die Frau tat mir leid, es war offensichtlich, dass sie darunter litt, und als jemand, der frisch getrennt war, konnte ich das gut verstehen. Auf der anderen Seite war es so unbeschwert und fröhlich, als Franz und ich uns über die üblichen Männerthemen Reisen, Motorräder, Job und Karriere unterhielten, dass ich ganz vergaß, frisch getrennt zu sein. Er arbeitete als Fernsehredakteur bei einer Reisesendung.

»Mein Bereich sind alle Länder über dreißig Grad«, sagte er.

Ein paar Tage darauf schrieb er mir eine Email, ob wir nicht eine Motorrad-Tour zusammen machen wollten. Ich fuhr damals eine Crossmaschine, die laut, bretthart und eigentlich ins Gelände und nicht auf die Straße gehörte und genau deshalb in der Stadt auffiel. Das Motorrad von Franz war eine gemütliche Reisemaschine, der Lenker hatte beheizbare Griffe und am Gepäckträger hingen zwei Koffer, in die er seine Sachen legen konnte, ohne dass sie knitterten. Ich stopfte meine in einen Sack, den ich über den Rücksitz zurrte, aber ich hatte ursprünglich ja auch vorgeschlagen, nach Polen zu fahren, bis ich merkte, dass Franz nicht verstand, warum wir in ein Land reisen sollten, in dem man keinen ordentlichen Cappuccino bekommt. Also fuhren wir in die Toskana. Wir aßen gut, wohnten in netten Hotels und spielten Schach auf den Marktplätzen kleiner Bergdörfer. Es tat mir gut, dass Erholung mal nicht schwer errungen werden musste, und am Ende der Woche war er mein dritter bester Freund.

Von da an telefonierten wir jeden Tag, schickten Mails oder schrieben SMS, in denen wir alles, was uns passiert war, in einen Witz verpackten, auf den der andere mit einem Witz antwortete. Es war, als hätten wir einen eigenen Humor-Live-Ticker aus unserem Leben, und was immer schwer oder ernst war – Ärger im Büro, Stress mit dem Vermieter, Angst vor einem Date –, wurde plötzlich leicht oder komisch. Wenn Franz zu seinem Chef ging, um wegen der lange versprochenen Gehaltserhöhung nachzufragen, dann sagte er nicht, dass er einen höllischen Respekt vor ihm hatte, er schickte eine Liste mit absurden Versprechern, die dazu führen könnten, dass er dessen Büro statt mit mehr Geld mit einer Küchenmaschine wieder verlassen wird. Hatte es mit der Gehaltserhöhung wie erwartet doch nicht geklappt, schrieb er nur, dass sein Chef, der eigentlich Goldbeck hieß, ein Geldbock sei.

Wir besuchten uns mindestens zweimal im Monat, mal kam er zu mir, mal ich zu ihm. Wir zeigten dem anderen die Kleinstadt, in der wir aufgewachsen waren. Im Sommer fuhren wir Motorrad, im Winter Ski. Wir gingen auf Partys, standen in Kneipen herum, sprachen Frauen an, aber wenn einer von uns müde war und gehen wollte, kam der andere selbstverständlich mit.

Seit ich sechzehn war, hatte ich keinen solchen Freund mehr gehabt, vielleicht noch nicht einmal da. Aber das war ja das Erstaunliche an unserer Freundschaft, dass es so aussah, als würden wir mit Anfang dreißig immer noch so leben können, als seien wir sechzehn. Als würden all die Zwänge, Pflichten, Kompromisse, in denen sich Männer in unserem Alter normalerweise verkeilt hatten, für uns nicht gelten. Wir waren ungebundener als jeder, den wir kannten.

Meine anderen beiden besten Freunde gründeten währenddessen Familien. Sie fanden Frauen, heirateten, wurden Väter. Auf einmal hatten sie weniger Zeit oder nur an bestimmten Tagen und dann wollten sie spätestens um elf zu Hause sein. Ich verstand das. Sie hatten Rücksicht auf ihre Familien zu nehmen, ich nur auf meine Freunde. Trotzdem verpasste ich die Taufe des Sohnes des einen besten Freundes, weil ich mit Franz unterwegs war. Das Leben schien meine verheirateten

Freunde und mich unaufhaltsam auseinanderzutreiben, und ich werde nie vergessen, wie ich mit einem von ihnen einmal darüber sprach.

»Ich finde das so schade«, sagte ich.

»Es wäre alles anders, wenn wir in einer Stadt wohnen würden«, sagte er.

»Wäre es auch nicht«, sagte ich.

Ich dachte, dass ich damit nur eine Wahrheit aussprach, an der wir beide nicht vorbeikamen. Doch an dem Ärger, der sich bei meinem Freund in dem Moment entlud, merkte ich, dass es nur meine Wahrheit war.

»Weißt du, dass ich eine Familie habe? Das sind neben dir die wichtigsten Menschen in meinem Leben. Aber du interessierst dich überhaupt nicht für sie. Du erzählst nur von dir. Du fragst nicht einmal nach meiner Tochter. Du musst das auch nicht. Okay. Aber du bist ihr Patenonkel.«

Selten fühlte ich mich so beschämt. Ich wusste nichts zu sagen. Er hatte ja recht. Aber ich wusste auch nicht, was ich daran ändern konnte.

Einmal fuhren Franz und ich nach Marrakesch, weil er dort für seine Fernsehsendung Hotels testete. Damals trafen wir uns beide gerade mit Frauen, die wir deswegen aber nicht als unsere Freundinnen ansahen. Wir verwendeten das Wort auch nie. Dennoch hatten wir das Gefühl, wir müssten ihnen von der Reise ein kleines Geschenk mitbringen. Da die ganze Altstadt ein einziger Souvenirladen war, sollte das kein Problem werden, dachten wir und verschoben die Sache auf den letzten Tag. Und dann fanden wir nichts. Wir hetzten durch die Gassen und durchkämmten die Läden, bis wir die Ringe, Ketten, Lampen, Tücher, Holztiere und Tonschalen auswendig kannten – nichts davon erschien uns passend. Ich war kurz davor mich über Marrakesch aufzuregen, als mir klar wurde, dass es das Geschenk, das wir suchten, gar nicht geben konnte. Wir wollten etwas, das persönlich war, aber nicht zu persönlich. Das zeigte, dass wir die Frauen mochten, sie aber nicht auf die Idee brachte, es könne mehr daraus werden. Wir suchten nach etwas, das war wie wir – sich nicht festlegte, alles offenhielt und dabei auch noch sympathisch rüberkommen wollte.

»Eine geschlossene Antwort«, so nannte das Franz.

Heute frage ich mich, ob unsere Freundschaft darauf fußte, dass keiner von uns jemals einer Frau begegnete, die ihm wichtiger werden konnte als der andere. Ich kann nicht glauben, dass wir dachten, das würde nie passieren, aber vielleicht war es so. Wir haben nie darüber gesprochen. Wir haben überhaupt nur wenig über Sachen gesprochen, die für uns unangenehm waren und sich nicht in einen Witz verpacken ließen.

Als ich Alexa kennenlernte und bei ihr und den Kindern einzog, schien sich an meiner Freundschaft zu Franz zuerst einmal nichts zu ändern. Natürlich wollte ich im Sommer jetzt auch mit meiner neuen Familie verreisen, dann verschoben wir die große Motorrad-Tour durch die Alpen eben. Natürlich konnte ich Franz nicht mehr jedes zweite Wochenende in Köln besuchen, aber vielleicht einmal im Monat. Natürlich konnte ich tagsüber nicht mehr so ausgiebig mit ihm telefonieren, weil ich nicht mehr bis nachts im Büro sitzen wollte, um meine Arbeit zu schaffen, aber dann versuchten wir es am Abend nochmal.

Es war nur leider so, dass ich mir eigentlich nicht mehr vorstellen konnte, so lange von meiner Familie getrennt zu sein, wie eine große Motorrad-Tour durch die Alpen dauert. Ich schaffte es auch nicht, einmal im Monat nach Köln zu kommen, und wenn Franz am Abend anrief, las ich meistens gerade noch den Kindern vor. Es tat mir leid, dass es zwischen uns nicht mehr wie früher war. Franz war noch immer mein bester Freund. Aber Alexa war jetzt meine Freundin. Sie wunderte sich, wie oft er sich bei mir meldete.

»Geht es Franz nicht gut?«, fragte sie irgendwann.

»Wieso?«, fragte ich.

»Weil er scheinbar gerade dringend deinen Beistand braucht.«

»Ich hab früher noch viel häufiger mit ihm telefoniert.«

»Interessant«, sagte sie. »Ich kenne so was gar nicht.«

Immer häufiger rief ich Franz jetzt von unterwegs an, aus der Straßenbahn, vor einem Termin, wenn ich einen Parkplatz für das Auto suchte, nebenher, um die Zeit zu nutzen, die ich nicht bei der Familie war. Aber dann erzählte ich immer erst einmal viel von meinem neuen Leben, und wenn ich von ihm wissen wollte, wie es ging, gab er nur geschlossene Antworten. Nach einer Weile verabredete ich mit ihm feste Zeiten, an denen ich Ruhe hatte zum Telefonieren, aber rief ich dann nicht auf die Minute an, hatte er das Telefon ausgeschaltet. Fragte ich ihn später, wo er war, sagte er: im Kino. Wir waren beide schon witziger gewesen als zu dieser Zeit.

Während ich meinen zwei anderen besten Freunden wieder näherkam, weil mir ihre Familiengeschichten und Kinderhandyfotos plötzlich etwas sagten, war aus meiner Freundschaft zu Franz etwas geworden, bei dem ich mich immer in der Schuld stehen sah. Ich bemühte mich, den Rückstand auszugleichen, aber Franz gab mir nicht das Gefühl, dass es reichte, was ich unternahm. Alexa dagegen verstand nicht, warum ich ein schlechtes Gewissen hatte, wo ich doch mehr für diese Freundschaft tat, als in meinem neuen Leben Platz und Zeit war.

»Sieht er das eigentlich?«, fragte sie.

»Doch schon«, sagte ich.
»Aber sagst du ihm das auch?«
»Ja klar.«
Natürlich sagte ich es ihm nicht. Wenigstens nicht so klar, dass er es verstehen konnte. Aber das machte ich bei Alexa auch nicht. Ich wollte niemanden enttäuschen. Das wollte ich noch nie. Doch wer niemanden enttäuschen will, ist den Erwartungen aller ausgesetzt. Ging es nach Franz, bedachte ich ihn zu wenig, ging es nach Alexa, bedachte ich ihn schon genug. Offenbar konnte ich mich nur noch entscheiden, wen von beiden ich zuerst hängen ließ.
Kurz darauf meldete sich Franz mit einem Angebot, bei dem ich sonst ohne zu zögern zugesagt hätte. Er hatte sich für uns ein Wellnesswochenende in einem Landhotel in der Schweiz überlegt. Als ich das Alexa erzählte, reagierte sie einsilbig. Natürlich wollte sie, dass ich meinen besten Freund sah. Sie fand es nur komisch, dass es ausgerechnet in einem Wellness-Hotel stattfinden musste. Außerdem hatte sie gerade ein Buch abzugeben und ich wusste, dass es ihr half, wenn ich mich an diesem Wochenende um Lilly und Rasmus kümmerte. Andererseits war mir klar, dass ich meinen Freund nicht schon wieder vertrösten konnte. Eingespannt zwischen zwei Erwartungen suchte ich auf jeder Seite Verständnis für meine verfahrene Lage. Aber Alexa hielt das Wellnesswochenende für eine parfümierte Playboysause und Franz die Kinderbetreuung für eine faule Ausrede.
»Alexa musste das früher doch auch allein hinkriegen«, sagte er.
»Ja, aber jetzt bin ich da«, sagte ich.
»Ich dachte nur, es ist ja vielleicht schön für dich, mal rauszukommen.«

»Ich lebe doch nicht in einem Gefängnis!«

»Vielleicht sind die alten Zeiten einfach vorbei.«

»Ich habe doch gar nicht gesagt, dass ich nicht mitkomme!«

Am Ende buchte ich einen Flug nach Zürich, um ihm zu zeigen, dass mir das immer noch jederzeit möglich war. Aber irgendwie war ich auch sauer darüber, dass es für unsere Freundschaft immer spezielle Reisen, ständige Telefonate oder sonstige Aktionen brauchte. Ich mochte Franz. Warum konnten wir nicht auch ohne all das befreudet sein? Dann kam der Abend, an dem ich fliegen musste, und Rasmus wurde krank. Der kleine Kerl war so schwach, dass er kaum stehen konnte, geschweige denn zu Oma und Opa fahren, die sich um die Kinder kümmern wollten, damit ich mit meinem Freund verreisen konnte. Aber das brachte ich jetzt nicht mehr übers Herz. Ich schrieb Franz, der in Köln bereits im Flugzeug saß, eine Mail, sagte, dass es mir sehr leidtut, und blieb zu Hause bei meiner Familie.

Danach meldete sich Franz nicht mehr.

Ich schrieb ihm Mails, in denen ich mich entschuldigte und versprach, dass ich bald wieder mehr Zeit haben würde. Ich schlug ihm vor, nach Köln zu kommen. Ich rief ihn immer wieder an. Er meldete sich nicht.

Irgendwann sprach ich ihm auf die Mailbox.

Ich sagte, dass ich mich geirrt habe. Ich würde nicht bald wieder mehr Zeit haben. Ich hatte jetzt eine Familie und ich wollte deswegen kein schlechtes Gewissen haben. Mein Leben hatte sich verändert. Aber das hieß nicht, dass er nicht mehr mein Freund sein konnte. Ich würde in meinem Leben immer einen Platz für ihn haben. Ich wollte das nur nicht jeden Tag wieder beweisen müssen.

»Kannst du das verstehen?«, fragte ich.

DER VATER MEINER TOCHTER

Alexa erzählt davon,

dass auch glückliche Trennungskinder keine Heimat haben.

Lillys Papa ist Clubbesitzer in Berlin. Und der beste Beweis dafür, dass Patchwork funktionieren kann – egal, wie sehr sich das eigene Leben vom Leben des anderen Elternteils unterscheidet. Wir sind regelmäßig in Kontakt. Was in gewisser Hinsicht eigenartig ist. Denn: Christian und ich kannten uns kaum, als ich schwanger wurde. Und ohne Lilly hätten wir uns bestimmt nach kürzester Zeit wieder aus den Augen verloren. Damals standen wir noch ziemlich am Anfang unseres Erwachsenenlebens und hatten beide einigermaßen große Pläne, was alles aus uns werden sollte. Ich wollte als Schriftstellerin mindestens so bedeutend wie J.D. Salinger werden und Christian arbeitete zielstrebig darauf hin, Berlins Nachtleben neu zu gestalten. In einer Sache allerdings waren wir uns einig: dass aus uns niemals »das« Traumpaar werden würde. Also versuchten wir es erst gar nicht. Was für uns absolut in Ordnung war. Wir waren gewissermaßen froh darüber, dass wir unsere exzentrischen Unternehmungen nicht aufeinander abstimmen mussten, weil uns diese Aufgabe schlicht überfordert hätte.

Ich arbeitete konzentriert zu Hause. Christian war ständig in Bewegung. Er brauchte immer viele Menschen um sich herum.

Lilly war die meiste Zeit bei mir. Genauso wünschte ich es mir ja auch. Nach den ersten anstrengenden Wochen war dieses kleine Mädchen das Größte, was mir je in meinem Leben passiert war.

Aber dann kam der Tag, an dem ich Christian unsere zweijährige Tochter wie jeden Donnerstag ins Café zur »Kinderübergabe« brachte und Lilly plötzlich nur noch mit ihrem Papa sprach. Sie antwortete mir einfach nicht mehr. Egal, was ich sie fragte, sie sah ihren Papa mit großen Augen an und sagte hingerissen: »Du bist mein bester Freund.« Ich fing spontan an zu weinen. Ich war mir sicher, dass ich mein Kind gerade an seinen Papa verlor. Mit rotgeweinten Augen und leerem Kindersitz radelte ich nach Hause und rief von da aus gleich noch mal auf Christians Handy an, um mit meiner Tochter zu sprechen – die allerdings weiterhin kein Interesse zeigte, mit mir zu kommunizieren. Ich dachte wirklich: Das war's jetzt. Meine Tochter liebt mich nicht mehr. Sie wird für immer zu ihrem Papi in die WG ziehen. Das habe ich jetzt davon! Geteilte Elternschaft funktioniert überhaupt nicht! Von wegen unkompliziert und selbstbestimmt! Wenn mein Kind sich gegen mich entscheidet, ist es weg! Nicht mehr rückholbar! Und auch meine große Schwester, die mir eigentlich Mut zusprechen sollte, meinte nur: »Tja. Das ist die ödipale Phase! Die kann dauern!«

Glücklicherweise dauerte die angebliche ödipale Phase nur einen Tag. Schon am nächsten Morgen telefonierte Lilly wieder mit mir. Trotzdem! An diesem Tag begriff ich, was geteilte Elternschaft in Wahrheit bedeutete. Nämlich nicht in erster Linie, dass ich nicht mit Christian zusammenlebte – sondern, dass mein Kind für immer in zwei Welten aufwachsen würde. Dass ich zu dieser anderen Welt nie wirklich dazugehören würde. Ich war nur eine halbe Mama! Ich musste Lilly immer wieder – ohne mich – zu ihrem Papa gehen lassen; egal, wie er lebte. Egal, was Christian für richtig oder wichtig hielt. Egal, was er Lilly zu essen gab. Egal, was er mit unserer Tochter Abenteuerliches erleben wollte. Egal, wie er meine kleine Tochter anzog, wenn sie bei ihm war.

Ich habe mich immer sehr für die Hippie-Ära interessiert. Ich wäre unheimlich gerne 1969 in *Woodstock* dabei gewesen, um mich ein bisschen im Schlamm zu wälzen. Ich kann alle *Joe-Cocker*-Songs mitsingen und auch ich habe mit siebzehn Folklore-Blusen und diese indischen Samtschläppchen getragen, deren Sohlen extrem nach Teer riechen – aber Lillys Papa war Ende der Neunziger definitiv der weltgrößte Neo-Hippie. Vermutlich gibt es für seinen damaligen Style noch einen wesentlich ausgefeilteren Fachbegriff. Womöglich: Hippie-Punk. Jedenfalls verwendete Christian seinerzeit viel Mühe auf ein individuell zusammengestelltes Bühnen-Outfit. Bei sich und bei seiner zwei Jahre alten Tochter. Während ich Lilly im rot karierten Kleidchen, mit zwei hübschen Zöpfchen und Strickjacke zu ihrem Papa brachte, kam sie in türkisfarbenem Tüllrock, Ringelsocken, farbbekleckstem Mickey-Maus-Sweatshirt und krasser Haarspange zurück.

Ich hatte wirklich Schwierigkeiten, mein Kind wiederzuerkennen. Denn: Ich hatte ein ganz anderes Bild von meiner Tochter als dem Persönchen, was da vor mir stand. Lilly wirkte wie ausgewechselt. Sie redete anders als sonst, bewegte sich anders, irgendwie wie ihr Papa – und dann erzählte sie auch noch, dass sie mit Christian in einem VW-Bus am See übernachtet hatte. Es war fraglos so, dass mein Kind ein Doppelleben führte.

Christian lebte in einer Wohnung, die eher ins gute, alte *Haight-Ashbury* in San Francisco gepasst hätte, wo Ende der Sechziger der Sommer der Liebe ausgebrochen war. Überall hingen gebatikte Tücher, auf dem Boden lagen Schaffelle, Räucherstäbchen verströmten ihren Duft und die Wände waren tapeziert mit großkopierten Fotos von irgendwelchen farbenprächtigen Goa-Trance-Musikfestivals und von Christian, der in Badelatschen und Hawaii-Hemd am Rand einer gewaltigen Schlucht im Grand Canyon hockte. Dazu sagte er gern: »Ich habe das Risiko-Gen.« Statt Stühlen gab es buntbestickte Kissen auf den Dielen und eigentlich waren immer fünf bis zehn Freunde zu Besuch, die sich alle bombig mit meiner kleinen Tochter verstanden und mit ihr einen auf gechilltes Sit-in machten. Dazu hörten sie Techno, während bei mir zu Hause eher die *Zauberflöte* lief.

Es war überhaupt so: Je eigenwilliger Christians Lebensstil wurde, desto bürgerlicher wurde meiner. Ich erkannte mich selbst kaum wieder. Bisher hatte ich immer geglaubt, ich sei wild und unkonventionell. Jetzt versuchte ich einfach nur das Gleichgewicht zu halten, ohne dass Christian und ich als Eltern jemals ein Ganzes wie Yin und Yang ergaben. Vielmehr lieferten wir uns einen unausgesprochenen Wettstreit darüber, wer von uns unser Kind intensiver prägte als der andere. Christian war fürs Risiko zuständig und ich für sämtliche lebenserhaltende Maßnahmen. Das war eine richtig dämliche Rolle, die ich da zu bekleiden hatte. Jedes Mal, wenn Christian mit Lilly im Auto irgendwo hinfahren wollte, fragte ich vorschriftsmäßig: »Habt ihr einen Kindersitz?«

Als Antwort kam als Nächstes, dass Christian mit Lilly in die Alpen wollte. Ich sah die beiden schon am Gletscherrand hocken. Gleichzeitig wollte ich Christian und Lilly nicht den Spaß nehmen. Es gab viele Situationen, in denen ich gezwungen war, loszulassen und mein Kind dorthin gehen zu lassen, wo ich es selbst nicht unbedingt mit hingenommen hätte. Stichwort: Hanf-Parade.

Ich musste verstehen, dass eine getrennte Elternschaft bedeutet, dass mein Kind über Tage vollkommen aus meinem

Leben verschwand, dass Lillys Kinderzimmer verwaist war, dass ihre Spielsachen unberührt im Wohnzimmer lagen, dass es still war, wenn sie nicht zu Hause war. Gleichzeitig wollte ich nicht ständig bei Christian anrufen, weil Lilly die Zeit mit ihrem Papa genauso zustand wie ihre Zeit mit mir. Und Christian war ein guter Papa. Ein Papa, den mein Kind über alles liebte. Ein Papa, für den seine Tochter alles bedeutete. Ein Papa, mit dem ich nicht zusammenpasste. Ein Papa, den ich urteilsfrei bestehen lassen musste, weil meine Tochter ihn niemals vor mir verteidigen sollen müsste. Ich musste Christian vertrauen. Ich musste ihm immer wieder das Kostbarste übergeben, was mir je gegeben worden war. Mein Kind.

Ich hatte mir dieses selbstgewählte Alleinerziehenden-Dasein so cool und unkompliziert vorgestellt – und nicht gesehen, wie uncool und kompliziert diese Entscheidung für unser Kind werden würde. Und das, obwohl Christian und ich uns verstanden. Obwohl er Lilly beigebracht hat, wie man Campingzelte in Nullkommanichts zusammenbaut und dass ein Sommer in einer eigenen Blockhütte am Spreeufer kein Ding der Unmöglichkeit ist. Obwohl Christian sich nicht darüber lustig gemacht hat, als ich vorgeschlagen habe, Bewegungsmelder an Lillys Blockhütte anzubringen. Obwohl er und Marcus sich vom ersten Augenblick an verstanden. Obwohl Christians Frau die Patentante von Nelson ist. Obwohl wir zusammen Weihnachten feiern. Obwohl Christian mir vertraut und mich immer die Mutter sein lässt, die ich für Lilly sein will, ist geteilte Elternschaft nichts, was wir je empfehlen würden.

Getrennte Elternschaft fordert von Kindern etwas, dem wir uns als Eltern gar nicht stellen müssen: Sie müssen sich in zwei Welten zu Hause fühlen, obwohl sie nie lange bleiben. Obwohl sich diese beiden Welten ständig verändern. Es kommen neue

Partner hinzu, es kommen Geschwister dazu, neue Partner erziehen mit, bringen ihre eigenen Vorstellungen mit ein, sie verändern das eigene Zuhause. Ihre Kindheit verkürzt sich – sie werden schneller erwachsen. Sie müssen damit zurechtkommen, dass ihre Eltern Situationen unterschiedlich beurteilen und ihnen teilweise widersprechende Ratschläge geben. Als Lilly mit fünfzehn ihren ersten Freund hatte, sagte Christian – um seine Tochter vor Schmerzen zu bewahren: »Steigere dich da bloß nicht rein. Das ist sowieso bald wieder vorbei.« Ich hingegen fand es schön, dass Lilly bereit war, sich mit diesem Jungen zu verbinden. Heute findet Christian, Lilly sollte neben der Schule jobben. Ich finde, sie hat schon genug um die Ohren.

In einer geschlossenen Familie würden die Eltern idealerweise so lange miteinander reden, bis sie eine gemeinsame Haltung dazu finden. In zwei getrennten Familien ist es das Kind, das mit sich ausmachen muss, was der richtige Weg ist. Es muss lösen, was sonst Aufgabe der Eltern wäre. Aber wie soll es das können? Es ist ein Kind. Also spaltet es sich in zwei Hälften und ist hier so und da so.

Manchmal, wenn Christian und ich uns über Lilly unterhalten, merken wir, wie unterschiedlich unser Blick auf unsere Tochter ist. Dann haben wir den Eindruck, wir sprechen von zwei verschiedenen Mädchen. Im Umkehrschluss bedeutet das für Lilly, zwei verschiedene Mädchen in zwei verschiedenen Haushalten zu sein. Ihre Aufgabe ist es, diese Zweiteilung irgendwann in sich zu einem großen Ganzen zusammenzufügen, um überall das *eine* Mädchen sein zu können, dessen Welt nicht geteilt, sondern doppelt so groß ist. Nach siebzehn Jahren als Reisende zwischen zwei Kinderzimmern wünscht sich meine Tochter mehr denn je: »Ich möchte endlich mal nach Hause kommen und bleiben.«

ICH MACH DAS ABER SO!

Marcus erzählt davon,
warum zwei Ordnungssysteme besser sind als eins.

In der ersten Zeit entdeckten Alexa und ich einen solchen Berg an Gemeinsamkeiten, dass es uns selbst unheimlich war. Fast jeden Tag kam eine hinzu. Wir hatten die gleiche Winterjacke und das gleiche Halstuch. Wir hatten, ohne uns zu kennen, schon einmal Haus an Haus gewohnt. Wir hatten als Kinder an der gleichen Stelle eine peinliche Verletzung gehabt. Wir liebten lauter Lieder, Filme und Fernsehserien, die außer uns niemand zu kennen schien. Umso überraschender war es für uns, dass wir uns tatsächlich in einem wichtigen Punkt unterschieden – der Ordnung. Es war gar nicht so, dass der eine ordentlich war und der andere unordentlich. Wir vertraten einfach zwei grundverschiedene Systeme, die sich auf den ersten Blick nur schwer kombinieren ließen.

Nehmen wir zum Beispiel den Geschirrspüler.

Wenn ich den Geschirrspüler einräume, stehen die Teller, Tassen, Pfannen und Gläser immer an derselben Stelle. Egal, was wir zum Abendessen gekocht haben, ob es wegen einer Suppe an einem Tag mal mehr tiefe Teller sind oder wegen eines Puddings mehr Schüsseln, ob wegen Bratkartoffeln eine Pfanne dazukommt oder lauter Weingläser, weil Freunde da waren, am Ende ordne ich alles nach demselben Prinzip. Ich begreife das als höhere Aufgabe. Das schmutzige Geschirr ist das Chaos, ich bringe Ordnung hinein. Natürlich könnte man denken, dass es mir nur darum geht, die Maschine platzsparend zu füllen, dass ich keine Lücken will, versuche, Strom und Wasser zu sparen, weil das gut für die Umwelt ist. Die Wahrheit aber ist: Ich will es einfach so haben. Anders fühle ich mich nicht wohl.

Wenn Alexa den Geschirrspüler einräumt, scheint sie das Geschirr genauso zu nehmen, wie es auf der Küchenablage steht. Sie greift nicht zuerst nach den großen Tellern und ordnet die kleinen drum herum. Sie stellt die Gläser nicht nebeneinander auf und füllt auch den Besteckkorb nicht so, dass Gabeln, Messer und Löffel jeweils in einem Fach stecken, damit man sie später zusammen in die Schublade legen kann. Sie nimmt vermutlich auch keinen Topf wieder heraus, wenn sie merkt, dass er an anderer Stelle besser passt. Bei uns ist so viel gleichzeitig los, da macht sie aus dem Geschirrspülereinräumen keine Wissenschaft.

Bei mir ist das genau andersherum.

Je mehr ich zu tun habe, umso mehr plane ich. Ich bestimme eine Reihenfolge und schaffe eine Struktur, in die sich alles Weitere einordnen muss. Deshalb bin ich auch ständig mit Vorbereiten, Umsetzen und Nachbereiten beschäftigt. Ich muss immer wissen, wo ich stehe, sonst kann ich nicht weitermachen. Vielleicht hat das schon wieder damit zu tun, dass ich in der DDR aufgewachsen bin, wo es nur wenig gab, und das, was es gab, unterlag der Planwirtschaft. Vielleicht verliere ich deshalb in der Fülle schnell den Überblick. Eine Ordnung zu haben, heißt ja nichts anderes, als die Dinge wieder und wieder so zu machen, wie man es schön und richtig findet. Bis ich mit Alexa zusammenlebte, war mir allerdings nicht klar, dass es mehr als eine Ordnung gab. Ich dachte tatsächlich, dass es in Wahrheit jeder so macht wie ich, nur dass es manche eben leider nicht so perfekt hinkriegen. Womöglich liegt das bei mir aber auch in der Familie.

Mein Bruder zum Beispiel arbeitet bei den Vereinten Nationen, der größten Organisation der Welt. Eine der ersten Aufgaben, die er bekam, als er da als Praktikant anfing, war es, Adressen in den Computer einzugeben. Er sollte einfach nur eine Liste in eine Datei übertragen, die dann irgendwo abgelegt worden wäre. Es wäre eine Arbeit von drei Tagen gewesen. Stattdessen schloss sich mein Bruder für drei Wochen in sein Praktikantenzimmer ein, und als er wieder herauskam, hatte er ein Programm geschrieben, das sämtliche Adressen, Termine und Dokumente seiner Abteilung neu organisierte oder, wie mein Bruder fand, überhaupt erst organisierte. Danach verbrachte er drei Wochen damit, einen Termin bei seinem Chef zu bekommen, der zuerst nicht glauben wollte, dass ihm sein Praktikant tatsächlich vorschlug, das komplette Ablagewesen des Büros umzustellen. Im Anschluss brauchte mein Bruder dann noch einmal sechs Wochen, um alle Mitarbeiter auf das neue System umzuschulen, bevor er auf eine neue Stelle wechselte. Noch Monate später riefen ihn verzweifelte Sekretärinnen an, weil sie irgendwas nicht wiederfanden. Aber da arbeitete mein Bruder schon in Afrika daran, ganze Länder umzuorganisieren. Ein Jauer zu sein, das heißt offenbar, eine Sache aus sich heraus zu übertreiben.

Als ich bei Alexa einzog, merkte ich bald, dass man unangenehme Gefühle auslöst, wenn man jemandem das Leben umbaut. Zuerst räumte ich unser Küchenregal auf, auf das Alexa statt Sachen für die Küche vor allem Erinnerungsstücke gestellt hatte, die sie geschenkt bekommen oder für die Kinder gekauft hatte. Dann ordnete ich die Pflanzen auf unserer Terrasse neu an, weil auch von mir ein paar Töpfe dazugekommen waren. Am Ende hatte ich all die Figuren, Postkarten, Schachteln wie Pioniere zum Fahnenappell im Küchenregal aufgebaut und die Pflanzen standen wie in der Baumschule auf der Terrasse. Jedes Mal las ich danach in Alexas Gesicht, dass irgendetwas nicht stimmte.

Natürlich wollte ich, dass ihr gefiel, was ich gemacht hatte, darum versuchte ich hier und da zu korrigieren und die Sache wieder ein bisschen aufzulockern. Ich wollte es perfekt machen, doch wenn ich es perfekt machte, wurde es immer irgendwie leblos. Bei Alexa dagegen sah alles natürlich aus. Ich hatte immer Angst, vom Weg abzukommen. Ihr Weg entstand sozusagen direkt vor ihren Füßen. Ich überlegte immer, wo ich am Ende herauskam, sie fing an und war gespannt, wohin das führte. Ich plante, sie improvisierte. Ihre Ordnung brachte etwas hervor, was meiner fehlte, und umgekehrt. Zusammen ergab das Streit oder ein Ganzes. Wir konnten gegeneinander antreten oder gemeinsam mehr erreichen, als jeder von uns allein gekonnt hätte.

Heute hat jeder von uns Bereiche, in denen er seiner Ordnung folgt, obwohl sie zu unserem gemeinsamen Leben gehören. Alexa kümmert sich um alles, das besser wird, wenn man ihm freien Lauf lässt. Sie bestellt Sachen im Internet, bastelt mit den Kindern und hat nach unserem Umzug das Haus eingerichtet. Außerdem telefoniert sie regelmäßig mit meiner Mutter. Ich dagegen kümmere mich um alles, das nicht aus dem Ruder laufen darf. Ich sortiere den Müll, schließe Handyverträge ab und mache mit den Kindern Hausaufgaben. Außerdem trage ich die Verantwortung für die Pfandflaschen. Wir haben das nie so aufgeteilt, es hat sich ergeben, aber wir vertrauen dem Anderen, dass alles, was er in seinem Bereich tut, in Ordnung ist, auch wenn es nicht unsere ist.

ICH BIN TISCHMANIEREN

Alexa erzählt davon,
dass man sich nicht trennen muss, nur weil der Partner anders »isst« als man selbst.

Bei uns zu Hause war das Einhalten der Tischmanieren mindestens so wichtig wie das Einhalten der Zehn Gebote.

Als Stadtplaner betrieben meine Eltern einen gewissen Anordnungsfanatismus. Das fing schon mit dem Frühstück an. Die Marmelade, die Butter, der Quark, die geschnittene Gurke, das Brot, alles wurde in rechteckige oder quadratische Schüsseln gefüllt, die dann zu einer Art Miniatur-Bauhaus-Siedlung auf dem Tisch angeordnet wurden. Für die Frühstücksvorbereitung benötigten meine Eltern mindestens eine Dreiviertelstunde. Bestimmte Handgriffe durften nur von meiner Mutter *oder* meinem Vater ausgeführt werden. Jedes Familienmitglied hatte *seinen* Platz am Tisch, jeder bekam eine frische weiße Stoffserviette, gegessen wurde erst, wenn alle saßen und meine Mutter einen »Guten Appetit« gewünscht hatte.

Alles folgte einem Plan, der in unsere kindliche DNA eingeschrieben werden sollte. Hielt sich eins von uns Kindern nicht an die Maßgaben, wurde sofort freundlich nachgearbeitet. »Stell dein Glas richtig auf den Tisch.« – »Nimm die Ellenbogen vom Tisch.« – »Frag bitte nach der Butter.« Unseren Mahlzeiten wohnte dadurch gewissermaßen etwas bedeutungsvoll Festliches inne.

Natürlich wollte ich diese Tischmanieren auch an meine Kinder weitergeben. Weil sie mir Sicherheit gaben. Durch die

Tischmanieren wusste ich, wer ich war: »Das Mädchen, das sich gut bei Tisch benehmen konnte.« In meiner Vorstellung war ich *so ein Mensch*, den man überall hinlassen konnte. Wenn nötig sogar in den Buckingham Palast. Meine liebste Fantasie war, dass ich – durch irgendeinen tollen Zufall – dort eingeladen war. In fliederfarbener Latzhose und mit riesiger Zahnlücke saß ich direkt neben der frisch ondulierten Queen, der ich noch ein bisschen Nachhilfe in »anständig essen« geben konnte. Wann immer etwas in der Schule schief lief, jemand nicht mit mir befreundet sein wollte oder ich im Sportunterricht beim Bocksprung gegen den Kasten sprang – augenblicklich sah ich mich zum Trost an den glitzernden Tafeln sämtlicher Königshäuser sitzen und den feinen Herrschaften nonchalant mit einem riesigen Kristallkelch zuprosten.

Ich wusste einfach, egal, wie arm ich bin, solange ich mich bei Tisch gut benehmen kann, werde ich nicht untergehen, weil die Menschen immer denken werden, dass ich eigentlich einem edlen Geschlecht entspringe, das momentan nur ein bisschen ins Straucheln geraten ist, aber bestimmt bald wieder auf die Füße kommt.

Die Menschen haben Ehrfurcht vor bedeutungsvollen Persönlichkeiten. Und ich und meine Tischmanieren, wir waren nun mal auch ziemlich bedeutungsvoll.

Darum war es mir so wichtig, meiner kleinen Tochter Lilly die Tischmanieren so früh wie möglich beizubringen. So, wie andere Leute selbstverständlich über die Straße gingen, sollten Lilly die Benimmregeln in Fleisch und Blut übergehen, damit sie nie wieder darüber nachdenken musste. Sie saß auf ihrem Hochstühlchen, mein altes Lätzchen umgebunden, ich neben ihr. Auf diese Weise konnte ich sofort korrigierend eingreifen. Dabei störte es mich nicht, dass ich exakt wie meine

Ur-Großmutter klang, von der ja eigentlich die Tischmanieren stammten.

Als Rasmus geboren wurde, hielt ich weiter daran fest, das Ideal meiner Vorfahren am Leben zu erhalten. Ich hatte das gute Gefühl, etwas wirklich richtig zu machen. Zum Glück hatte mein damaliger Mann nichts dagegen. Kritisch wurde es nur, als der Papa plötzlich entschied, sich mit den Kindern einen der *Harry-Potter*-Filme anzusehen. Zuerst dachte ich: »Das trifft sich gut! An englischen Internaten – egal ob Zauber- oder Eliteschule – werden die Schüler bestimmt dazu angehalten, manierlich zu essen.« Weit gefehlt. Ich kam zufällig dazu, als im Speisesaal von *Hogwarts* gerade so richtig mit Essen herumgematscht wurde. Brathähnchen flogen durch die Luft, Kartoffelbrei klatschte an die Wände. Ich stellte mich breitbeinig vor den Fernseher, bis die verwerfliche Szene vorüber war. Damals glaubte ich noch, dass ich meine Kinder von unmanierlichen Einflüssen würde fernhalten können.

Bis *die* drei Nachbarskinder spontan zu Besuch kamen. Bei uns gab es gerade Schokoladenkuchen, den wir alle mit der Kuchengabel genossen. Die drei Nachbarskinder zerbröselten den Schokoladenkuchen zwischen ihren Fingern, ordneten ihn in kleinen Häufchen auf den Tellern an oder kneteten daraus winzige Bälle oder sogar ein Kaninchen. Der Rest vom Kuchen plumpste auf den Boden oder klebte in ihren fröhlichen Gesichtern. Sie hatten wirklich Spaß. Im Gegensatz zu mir und meinen Kindern. Wir trauten unseren Augen nicht. Es war, als hätten Urmenschen an unserem Tisch Platz genommen. Natürlich war es nicht meine Sache, *diese* Kinder zu erziehen, aber irgendwie fühlte sich diese Teerunde für mich wie ein teilweiser Weltuntergang an. Als wäre soeben ein Stück von unserer Erdkugel abgesprengt worden – das

Stück mit den Tischmanieren – und würde jetzt im All ziellos umherschweben. Ich dachte: »Wie kann es sein, dass Eltern ihren Kindern nicht beibringen, wie man anständig isst?« Ich war mir sicher, dass *diese* drei ziemlich schnell unter die Räder kommen würden.

Es war nicht das erste Mal, dass ich Probleme mit Leuten hatte, die nicht so aßen, wie ich es zu Hause gelernt hatte. Mit einundzwanzig hatte ich einen Freund gehabt, der sein gesamtes Essen, egal ob Steak mit Kartoffeln oder Rührei mit Speck, in winzige Würfel geschnitten hatte, um dann die einzelnen Zutaten nacheinander sorgsam auf die Gabel zu spießen. Möhre, Erbse, Kartoffel, Steak. Ich hielt es kaum aus, ihm bei diesem Treiben zuzusehen. Ich versuchte zu lächeln, dabei hatte ich die Stimmen meiner gesamten Urahnen im Kopf, die sagten: »Erkennst du nicht, dass das keiner von uns ist?« Doch anstatt mich zu trauen, ihm seine Eigenheit zuzugestehen, trennte ich mich. Aus der unbewussten Furcht heraus, dass mit mir etwas Schlimmes geschehen würde, wenn ich mich von den Vorstellungen und Maßgaben meiner Vorfahren distanzierte und mich mit etwas einverstanden erklärte, das aus Sicht meiner Familie nicht in Ordnung war.

Meinen Geschwistern ging es mit ihren Mitmenschen ganz ähnlich. Immer wieder mussten wir uns trennen, weil die anderen überraschenderweise anders waren als wir. Nicht nur, was die Tischmanieren anbelangte. Es gab eine Menge von Dingen, die uns als Familie auszeichnete und die die Anderen ärgerlicherweise nicht beherrschten oder beherzigten. Meine Schwester trennte sich zum Beispiel von ihrem Jugendfreund, als er es partout nicht schaffte, aus einem Stück angeschwemmten Treibholz einen *Fisch* zu schnitzen – so wie unser Vater. Meine Schwester war schwer enttäuscht! Es hätte eine so schöne Liebe werden können, wenn dieser *Cretin* nur diesen simplen Fisch hätte schnitzen können!

Vielleicht klingt das lächerlich. Aber wenn sich jeder von uns mal ganz genau unter die Lupe nehmen würde, würde er eine Menge Eigenheiten entdecken, die er an sich für »einmalig« bis »außergewöhnlich« hält. Wir halten sie als familiäres Erbe in Ehren – oder aber haben uns eigenhändig mit diesen individuellen Besonderheiten ausgestattet, um uns abzuheben und nicht im Einheitsbrei der Masse unterzugehen. Wir sagen gerne Sätze wie: »Bei uns zu Hause wurde immer ....« Oder: »Bei mir ist es kompliziert ...« Und dann die welterschütternde Besonderheit: »Ich esse mein Brot lieber ohne Butter.« Oder: »Ich bin ja so ein Mensch, der ein funktionierendes Handynetz braucht.« Und: »Ich bin ja so ein Mensch, der am Wochenende gerne lange frühstückt.« Aber auch: »Ich bin ja so ein Mensch, der den *Tatort* nicht verpassen darf.«

Aber eigentlich sind wir ja alle solche Menschen, die nicht von ihren »besonderen« Familiengewohnheiten und persönlichen Richtlinien lassen wollen. Wir verteidigen unser Recht auf eine perfekt funktionierende Welt, den *Tatort*, die Tischmanieren, das Brot ohne Butter und das funktionierende Handynetz, anstatt zu bemerken, dass ein verpasster *Tatort* und ein »falsch« geschmiertes Butterbrot es nicht wert sind, Frust zu schieben und die familiäre Stimmung zu verpesten.

Nachdem ich Marcus kennengelernt hatte, musste ich lernen, dass Tischmanieren nur relativ wichtig sind. Zuerst aber sah es noch nicht einmal danach aus, als müsste ich für Marcus meine wichtigste Persönlichkeitsfacette – die Tischmanieren – *opfern*. Denn: Marcus hatte – so gab er es zumindest vor – fantastische Tischmanieren. Ich erinnere mich noch, dass er sich bei unserer ersten Verabredung gleich dreimal auf der Restauranttoilette die Hände wusch, weil er unter das wacklige Tischbein einen zusammengefalteten Bierdeckel gestopft hatte. Marcus kann hervorragend Blicke deuten, denn er ist wiederum *so ein Mensch*, der den Vorlieben seiner Mitmenschen niemals in die Quere kommen möchte, um keinen Ärger zu verursachen.

Meinem leicht angespannten Blick hatte er damals also sofort entnommen, dass ich auf totale Reinlichkeit bei Tisch achtete. Natürlich hat Marcus viele, viele, viele wunderbare Seiten. Aber die Bereitschaft, sich für mich augenblicklich die Hände auf der entlegenen Restauranttoilette zu waschen, hat mein Herz im Sturm erobert. Sofort hörte ich die Hochzeitsglocken läuten und in meiner Vorstellung regnete es tonnenweise Rosenblätter auf uns herab. Im Grunde genommen war ich schon an diesem Abend mehr als bereit, mit ihm unzählige Kinder in die Welt zu setzen, denen wir gemeinsam unsere Tischmanieren beibringen würden. Einen so wunderbaren, passgenauen Menschen hatte ich – außerhalb meiner Familie – noch nie getroffen.

Ich konnte es kaum erwarten, ihn meinen Eltern vorzustellen.

Nun ja. Ziemlich schnell stellte sich heraus, dass Marcus doch nicht *so ein Mensch war*, der sich alle zehn Minuten die Hände wusch. Er kommt vom Land, da geht man offenbar ein bisschen entspannter mit dem Thema um. Um trotzdem mein Bedürfnis erfüllt zu bekommen, tänzelte ich um ihn herum und flötete: »Schatz, hast du dir schon die Hände gewaschen?« Ich fühlte mich selbst ganz unwohl mit mir. Schließlich wollte ich Marcus nicht zu einer Sache zwingen, die vor allen Dingen mir und meinen Urahnen am Herzen lag. Gleichzeitig dachte ich, ich könnte ungewaschene Hände bei Tisch nicht überleben. Denn: leider hatte mir niemand von meinen Urahnen beigebracht, dass es besser ist, das eigene Glück nicht von schwer kontrollierbaren Dingen wie fremden frisch gewaschenen Händen bei Tisch abhängig zu machen. Aber ich werfe es niemandem vor. Denn: Auch meinen Urahnen wurde diese wichtige Information offenbar nicht von ihren Urahnen übermittelt.

Noch bedrohlicher wurde es für meine Tischmanieren-Persönlichkeit mit der zunehmenden Anzahl unserer Kinder. Alle im Auge zu behalten, war so gut wie unmöglich. Wenn wir beim Abendessen saßen, merkte ich, wie sich meine Gesichtszüge ganz leicht verhärteten. Ich starrte meine liebe Familie wie einen Haufen Feinde an und vergaß über das Anstarren zu essen. Aber es war vergeblich. Die schöne Ordnung, die mich einst zu dem Mädchen gemacht hatte, das sich gut bei Tisch benehmen konnte, flog mir um die Ohren. Obwohl Apfelsaft auf dem Tisch stand, holte sich Rasmus Milch aus dem Kühlschrank. Emmi stand auf, um heimlich die Flurwand mit einem Stift anzumalen. Das wiederum hatte zur Folge, dass Nelson spielte, er sei ein Hund, und beschloss, unter dem Tisch weiterzuessen, bevor Marcus überhaupt Kartoffelbrei auf dem Teller hatte. In meinem Kopf hörte ich die missbilligende Stimme unzähliger Urahnen, die immer wieder sagten: »Um Himmels willen! Das ist der Untergang! Das geht doch nicht!« Ich versuchte wirklich, die Lage im Griff zu behalten. Aber es gelang mir nicht.

Ich war kurz davor, zu implodieren. Alles in mir fühlte sich so eng an. Das war der Moment, in dem ich merkte, dass ich mich nicht länger krampfhaft an den Manieren festklammern konnte, wollte ich nicht vor Stress draufgehen – oder meine Familie eliminieren.

Dies ist kein Plädoyer gegen Tischmanieren. Es ist auch kein Plädoyer für die totale Formlosigkeit. Es ist ein Plädoyer für das Überdenken von kategorischen Vorstellungen. Es ist ein Plädoyer für die Erkenntnis, dass alles seine Zeit hat und nichts verloren ist, wenn es nicht sofort klappt. Und es ist ein Plädoyer für ein bisschen mehr Bohème.

Inzwischen bin ich dazu übergegangen, meinen Kindern gesittetes Essen beizubringen, wenn nicht alle gleichzeitig am Tisch sitzen. Und wenn meine Eltern zu Besuch sind, benehmen sich plötzlich sowieso wieder alle und zeigen, dass sie die Tischmanieren längst verinnerlicht haben und Kinder sind, die man überall hinlassen kann. Auf Anfrage sogar in den Buckingham Palast.

ICH WILL DA NICHT MEHR HIN

Marcus erzählt davon,
ob Kinder ihre Hobbys immer durchhalten müssen.

Unser Sohn will mit American Football aufhören. Dabei haben wir ihm gerade einen neuen Schulterpanzer gekauft und neue Laufschuhe. Außerdem hat der Verein schon den Jahresbeitrag eingezogen. Wollte er nicht eben noch in die B-Jugend aufsteigen?

»Ja, aber jetzt hab ich keinen Bock mehr«, sagt Rasmus.

»Das ist aber schade«, sagt Alexa.

Ich finde, dass es das Wort schade irgendwie nicht trifft, und ich bin unsicher, ob kein Bock diesmal als Grund zählen soll, wo es doch auch schon die Begründung dafür war, dass Rasmus mit Judo, Hip-Hop, Skateboard, Reiten, Gesang und Gitarre aufgehört hat. Aber was Hobbys betrifft, haben Alexa und ich sehr verschiedene Prägungen.

Das erste Hobby meines Lebens hat mein Vater für mich ausgesucht. Ich erinnere mich nicht, dass ich gefragt worden wäre, wozu ich Lust habe, aber ich habe noch im Ohr, dass es zwischen meinen Eltern auf einmal hieß, der Junge solle einen Sport machen. Wie sich herausstellte, war es genau der Sport, den mein Vater als Junge gemacht hatte: Fußball.

Ich war damals sieben oder acht Jahre alt, ich mochte Tiere, ich baute gern Sachen aus Holz und ich konnte sehr gut werfen. Aber sobald ich den Ball an den Fuß bekam, wusste ich nicht mehr, was ich machen sollte. Das konnte mein Vater natürlich nicht ahnen, weil der Tag, an dem er überhaupt zum ersten Mal mit mir zum Fußballspielen auf den Ascheplatz ging, der Tag vor dem Auswahltest für den Verein war, in dem er als Kind gespielt hatte – und in dem ich nun spielen sollte.

Wir lehnten unsere Räder an die Bande, legten die Jacken ab und machten uns bereit. Ich ging auf den Ball los, als wäre ich ein geübter Kicker, aber es wurde doch recht schnell klar, dass ich keinerlei Ahnung von Fußball hatte. Seltsamerweise überraschte das meinen Vater. Er nahm wohl an, so etwas lernt man von selbst, und für die meisten Jungen in meinem Alter stimmte das sicher auch. Wir hatten keine fünf Minuten gespielt, als – nie werde ich den Namen vergessen – Ronnie Möckel am Spielfeldrand auftauchte. Ein Junge so alt wie ich. Er fragte, ob er mitmachen dürfe, mein Vater holte ihn dazu und am Ende spielte er nur noch mit ihm. Ronnie Möckel konnte es einfach. Bei ihm sah alles leicht aus.

An diesem Abend schlief ich in der Hoffnung ein, dass ich beim Auswahltest am nächsten Tag wie durch ein Wunder doch Fußball spielen konnte. Aber das Wunder blieb aus. Beim Schuss aufs Tor traf ich den Kasten nicht, und als ich Slalomstangen umkurven sollte, sprang mir der Ball so weit weg, dass ich ihn mit der Hand einsammelte, woraufhin mich der Trainer fragte, ob ich mich im Verein geirrt habe. Trotzdem bestand ich den Test, weil mein Vater, der all das mit angesehen hatte und den Trainer noch von früher kannte, ein gutes Wort für mich einlegte. Mein Hobby war – das habe ich erst später verstanden – für ihn eine Statusfrage. Der Vater war ein guter Fußballer gewesen. Da musste sein Sohn auch einer sein.

Ronnie Möckel war bei dem Test übrigens auch dabei. Ohne seinen Vater. Aber er bestand ihn auch so.

Einige Wochen darauf hatte unsere Mannschaft ihr erstes größeres Spiel. Mein Vater saß auf der Tribüne, wo er auf

Männer traf, die er aus seiner aktiven Zeit noch kannte und die ganz offensichtlich dieselbe Idee für ihre Söhne gehabt hatten. Eine Tribüne voller Väter, die auf ein Feld voller Söhne schauen. Jeder auf seinen, aber auch auf die der anderen.

Wir waren hoffnungslos unterlegen. Es war die ganze Zeit ein Spiel auf unser Tor. Meine Mannschaft bildete einen engen Verteidigungsring und stemmte sich entschlossen gegen die Niederlage. Bis auf einen Spieler – mich. Ich stand auf der anderen Seite des Spielfeldes und verwickelte den Torwart der Gegner in ein lockeres Gespräch. Als der mich fragte, ob ich nicht mal meinen Leuten helfen wolle, sagte ich, ich würde ihm den Ball schon reinschießen, wenn er hier nach vorn rollen sollte.

Als ich am Ende des Spiels auf die Tribüne kam, wo mein Vater zwischen all den Vätern saß, deren Söhne gerade auf der richtigen Seite des Platzes gestanden hatten, sprach mein Vater kein Wort mit mir. Er ist auch nie wieder zu einem meiner Spiele gekommen. Kurz darauf holte ich mir von meiner Mutter die Erlaubnis, mit Fußball aufzuhören, und machte so die Enttäuschung meines Vaters komplett. Ich weiß noch, dass ich heulend auf der Toilette saß, weil er mich nicht aufhören lassen wollte.

Danach griff sich meine Mutter die Verantwortung für meine weitere sportliche Karriere und meldete mich im Trainingszentrum Leichtathletik an. Anders als meinem Vater ging es ihr nicht darum, sich in mir wiederzuerkennen oder mir einen Status zu verschaffen, was nicht hieß, dass sie mir deshalb ein Hobby aussuchte, das mir lag. Ich war zwar sportlich, hatte bisher allerdings keinerlei Neigung zum Leistungssport gezeigt, dem ich nun viermal in der Woche für drei Stunden nachgehen sollte. Aber für meine Mutter musste mein

Hobby auch gar nichts sein, was meine Stärken förderte, im Gegenteil. Es musste meine Schwächen ausgleichen und offensichtlich fehlten mir Regelmäßigkeit, Disziplin und Struktur. Wer immer sich also kümmerte: Bei Hobbys hörte der Spaß in unserer Familie auf.

Im Trainingszentrum Leichtathletik übte ich die nächsten Jahre Hürdenlauf, Weitsprung, Kugelstoßen, Hochsprung. Ronnie Möckel war ebenfalls wieder dabei. Er war natürlich auch ein sehr guter Leichtathlet. Ein paar von unserer Trainingsgruppe hatten die berechtigte Hoffnung, es später auf die Kinder- und Jugendsportschule zu schaffen, was heute nach Doping riecht, aber damals nach Olympiasieg klang. Ich gehörte nicht dazu. Ich war nicht schlecht. Ich war aber auch nicht gut. Ich kam einfach immer zum Training, und jeden zweiten Samstag gab es noch einen Wettkampf, bei dem weder meine Mutter noch mein Vater je zugesehen haben und ich es nie auch nur in die Nähe des Siegerpodests schaffte. Normalerweise war ich ein ehrgeiziger Junge. Im Trainingszentrum Leichtathletik aber war ich einer, der wartete, dass die Zeit verging. Trotzdem fuhr ich im Frühling, Sommer und Herbst ins Stadion und im Winter in die Sporthalle, als hätte ich keine andere Wahl.

Womöglich ist es das, was mich stört, wenn Rasmus jetzt mit American Football aufhören will. Dass ich diese Möglichkeit nicht hatte.

»Ich finde, er müsste mal was durchhalten«, sage ich zu Alexa.

»Er hat seins eben noch nicht gefunden.«

»Aber er hört immer auf, sobald es schwer wird.«

»Er hört auf, weil es ihm keinen Spaß mehr macht.«

Ist Spaß denn wirklich der Maßstab? Muss man sich durch

manche Sachen nicht einfach durchbeißen? Wo kommt man hin, wenn man nur tut, was einem Spaß macht? Was sagt das einem übers Leben? Kann man es so überhaupt bestehen? Liegt die Freude manchmal nicht auch darin, sich selbst zu besiegen? Den inneren Schweinehund, wie meine Mutter gern sagt?

Ich erinnere mich, wie sie einmal einen Familienausflug auf die Zugspitze anberaumte. Sie hatte einen Bergführer organisiert, der uns nach oben bringen sollte. Der letzte Teil der Strecke führte durch ein Schneefeld und einen Klettersteig entlang, wo wir Helme tragen und uns anseilen mussten. Der Mann war überrascht, als er erfuhr, dass wir noch keinen solchen Berg bestiegen hatten, aber seine Überraschung verunsicherte uns nicht, sie spornte uns an. Als wir acht Stunden später oben ankamen, hatte einer von uns einen Schwächeanfall erlitten und alle Füße waren wund gelaufen, aber wir hatten es geschafft. Durchhalten ist in meiner Familie ein Kult. Es zeichnet uns aus. Darin unterscheiden wir uns von anderen. Wir sind die, die durchhalten.

In der Familie von Alexa ging es nie ums Durchhalten. Es ging immer ums Ausprobieren. Mein Schwiegervater fand, dass ein Kind schon von ganz allein durchhielt, sobald es nur etwas gefunden hatte, für das es eine Leidenschaft entwickelte. Meine Schwiegermutter wollte ihre Kinder nie zu etwas zwingen, weil sie ihr dann entweder aus Respekt gefolgt wären oder aus falsch verstandener Liebe, die nicht glaubt, dass man auch nein sagen darf. Und beides wollte sie für ihre Kinder nicht. Also durften Alexa und ihre Geschwister ausprobieren, was sie wollten, und wenn sie es nicht mehr wollten, fingen sie etwas Neues an. Was immer dabei herauskam, wurde bestaunt. Meine Schwiegereltern vermuteten nicht in jedem Menschen einen inneren Schweinehund, der besiegt werden musste. Sie glaubten daran, dass in jedem etwas steckt, das ihn durchs Leben tragen wird und auf das man genau deshalb vertrauen kann. Es bedarf keiner Korrektur, nur einer Ermutigung. Das gibt einem ein ganz anderes Gefühl für sich selbst.

Wenn ich mir für mich als Kind eins gewünscht hätte, dann dass ich kein Hobby hätte ausüben müssen, bei dem ich Lektionen fürs Leben lernen sollte, weil einem das immer sagt: Du bist nicht richtig, und wenn du so bleibst, wie du bist, wirst du es nicht schaffen. Wir müssen erst noch ein bisschen an dir herumschrauben, damit du in der Welt bestehen kannst.

Es gibt im Haus meiner Schwiegereltern dutzende gerahmte Kinderbilder, beschriftet mit Datum, Namen und Titel, die meine Mutter niemals aufgehängt hätte, weil das Küken oder das Haus oder der Baum überhaupt nicht zu erkennen sind. Sie hat eine Vorstellung davon, wie etwas zu sein hat, und an der misst sie, was man macht. Als sie uns das letzte Mal besuchte, nahm sie unserem vierjährigen Sohn, der gerade eine Schlange gezeichnet hatte, den Stift aus der Hand und vervollständigte das Bild. Ich kenne diesen Impuls. Ich verspüre ihn auch oft. Gleichzeitig muss ich zugeben, dass die einzigen zwei Striche, die auf dem Bild unseres Sohnes nicht nach Schlange aussahen, die waren, die meine Mutter gezeichnet hatte.

Ich war zwölf oder dreizehn Jahre alt, als ich mir das erste Mal ein Hobby selbst aussuchte – Fische. Ich nahm mir das verwaiste Aquarium meines Vaters und begann es zu beleben. Bald richtete ich in jedem Glasbehälter, den ich finden konnte, ein Becken ein. Ich hielt zuerst Guppys und Salmler und kämpfte mich später zu Fadenfischen und Barschen hoch, die Ansprüche der Fische an das Wasser, die Einrichtung, alles wurde immer spezieller, aber ich informierte mich. Ich las Bücher, in denen die Fische ausschließlich mit ihren lateinischen Namen bezeichnet waren und die ich bald auswendig kannte. Ich fing Wasserflöhe, züchtete Futtermaden, besuchte Zierfischbörsen. Wenn sich die Fische in meinen Becken vermehrten und mir so zeigten, dass sie sich wohlfühlten, konnte ich es kaum erwarten, nach der Schule nach Hause zu kommen.

Einmal las ich in einer Aquarienzeitschrift, dass meine Barsche mit klein geschnittenem Rinderherz gefüttert werden müssten. Ich weiß nicht, wie diese Information durch die Pressezensur kommen konnte. Jedenfalls war es ganz und gar aussichtslos, bei einem Fleischer in der DDR Rinderherz für Aquarienfische zu bekommen, weil es ja auch für Menschen kein Rinderherz zu kaufen gab. Trotzdem blieb ich immer wieder dran. Ich hatte meine Leidenschaft gefunden. Ab und an kauften meine Eltern mir eine neue Pumpe oder einen Filter und manchmal fuhr ich mit meinem Vater zu Herrn Golz in den Nachbarort, der sein Einfamilienhaus in eine private Zoohandlung verwandelt hatte. Aber es blieb immer mein Hobby. Meine Eltern mischten sich nur ein, wenn ich allein nicht weiterkam. Sie hatten, aber das fällt mir erst jetzt auf, am Ende doch gelernt, meiner Leidenschaft zu vertrauen. Komisch, dass man sich immer leichter an die Fehler der Eltern erinnert. Noch komischer, dass man sie so leicht wiederholt.

Rasmus interessiert sich jetzt für Sneaker. Er sammelt Turnschuhe. Wann immer ein neues Modell herauskommt, muss er es unbedingt haben. Er spart sogar sein Taschengeld dafür. Trotzdem gebe ich zu, dass ich dieses Hobby zuerst nicht verstanden habe. Ich sah nicht, wo die Schwierigkeit liegen sollte, an der man dranbleiben musste – verglichen beispielsweise mit der Schwierigkeit, ein Pärchen Neolamprologus brichardi zum Laichen zu bewegen. Ist Sneaker-Sammeln überhaupt ein Hobby?

Vor ein paar Tagen sprach ihn in der Schule ein Junge aus einer höheren Klasse an und lobte seine Sneaker. Sie passen immer sehr gut zum restlichen Outfit. Daraufhin räumte Rasmus sein Zimmer auf und baute seine Turnschuhe auf seinem Schreibtisch zu einer Art Altar auf. Er wusch im Waschbecken alle Schnürsenkel mit Seife, die Sohlen schrubbte er mit der Zahnbürste. Als wir nach Hause kamen, entwarf er gerade ein eigenes Farbdesign, das er vom Blatt auf einen seiner weißen Schuhe übertragen wollte. Wir waren ganz sprachlos, wie er plötzlich und ohne dass wir etwas für ihn organisiert hatten, von einer Leidenschaft ergriffen worden war und angefangen hatte. Von ganz allein.

DIE BESTEN ELTERN DER WELT

Alexa erzählt davon,

dass dreijährige Kinder sich noch nicht selbst Grenzen setzen können.

Als Lilly noch ein kleines Baby war, hatte ich ein mulmiges Gefühl, sie zum Schlafen einfach in ihre Wiege zu legen, ihr einen Kuss zu geben und sie im dämmrigen Zimmer zurückzulassen. Ich kam mir irgendwie unbarmherzig vor, sie ganz für sich allein ins Reich der Träume hinübertreten zu lassen. Ich dachte, ich müsste bei ihr bleiben und ihr beistehen, so, als sei es gefährlich einzuschlafen. Dieses Vorgehen hat natürlich dazu geführt, dass Lilly daran gewöhnt war, niemals ohne mich einzuschlafen. Was sie aber auch nicht tat, weil meine Anwesenheit sie total aufkratzte. Sie wälzte sich in ihrer Wiege hin und her, strampelte mit den Beinchen, riss sich den Schnuller aus dem Mund, schleuderte ihn bis ans Fußende und war plötzlich wieder hellwach. Und je mehr ich versuchte, sie durch endloses, leierndes Singen einzuschläfern, desto wacher wurde sie. Ich bin mir sicher: Sie spürte meine Nervosität und meine Ungeduld, die sie förmlich in Alarmbereitschaft versetzten, als sei Gefahr in Verzug. Dabei wollte ich einfach endlich nur arbeiten!

Als Lilly fast drei Jahre alt war, dauerte unser gemeinsames Ins-Bett-Geh-Ritual neunzig Minuten. Im Laufe der Zeit hatte Lilly besagtes Ritual gekonnt um immer neue noch zu erledigende Aspekte erweitert. Und da ich damals noch dachte, dass die beste Mutter der Welt ihr Kind in seinem Freiheits- und Tatendrang jederzeit gewähren lässt, habe ich die Zähne zusammengebissen und mein kleines Töchterchen auch noch um halb zehn Uhr abends ihre *Prinzessin-Lillifee*-Haarspangen neu sortieren lassen, bevor wir dann Zähneputzen gingen. Sobald ich die junge Dame ins Bett getragen hatte, erfüllte ich mit Engelsgeduld tapfer alle weiteren Wünsche: »Das Licht soll an bleiben, sonst kann ich nicht schlafen.« Und: »Wenn du mir nicht noch die Geschichte von Pferd und Maus erzählst, kriege ich schlimme Bauchschmerzen.« Nach Pferd und Maus hatte Lilly plötzlich wieder starken Durst, weswegen ich aus der Küche Apfelsaft holte, um kein Unmensch zu sein. Sobald ich hoffte, Lilly sei nach zehn Schlafliedern sanft und friedlich ins Reich der Träume hinübergeglitten, schlich ich auf Zehenspitzen aus dem Zimmer. Ich war gerade drei Schritte gegangen, da hörte ich schon ihr zartes Stimmchen, das »Apfelsaft« brüllte. Natürlich hätte ich meiner kleinen Tochter keinen mehr bringen müssen, aber als junge Mutter hatte ich große Sorgen vor späteren Vorwürfen – außerdem dachte ich, es sei schrecklich, durstig einschlafen zu müssen. Also lief ich in die Küche. Dann noch mal und noch mal. Denn: Lilly hatte nachts immer besonders starken Durst.

Ich versuchte, Lilly so viel Raum wie möglich zu lassen, sie nicht einzuengen, weil ich selbst auch nicht zu irgendetwas gezwungen werden wollte. Wobei ich nicht erkannte, dass ich mich längst selbst in eine Zwangslage manövriert hatte, indem ich Lilly suggerierte, dass sie diejenige war, die bestimmte, wann Schluss war. Sobald ich das Vorlesebuch nach einer Gute-Nacht-Geschichte zugeklappt hatte, ging unverzüglich die Sirene an – und zack, klappte ich das Buch unverzüglich wieder auf. Ich sah mich nicht in der Lage, einfach das Licht auszuknipsen und Gute Nacht zu wünschen, ohne dass Lilly durch meine mütterlichen Dienstleistungen die abendliche Glückseligkeit erreicht hatte. Irgendwie frönte ich unbewusst der Hoffnung, dass sich meine knapp dreijährige Tochter von selbst erzieht, dass all meine guten Taten ihr Vorbild genug sind, damit sie von selbst zu mir sagt: »Liebe Mami, du hast heute schon genug für mich getan, du musst jetzt nicht *noch* eine Geschichte vorlesen.« Insgeheim hoffte ich, dass dieses kleine Mädchen mich aus meiner Pflicht entlässt und ich ohne schlechtes Gewissen endlich an meinem Buch weiterschreiben kann. Tatsächlich forderte ich von Lilly, dass sie erwachsener ist als ich selbst. Dass sie selbst erkennt, was zumutbar ist und was nicht. Ich überließ es einem Kleinkind, sich selbst Grenzen zu setzen.

Ich erinnere mich noch an jenen Abend, als ich kurz vor zweiundzwanzig Uhr total gerädert neben meiner großen Schwester auf dem Sofa saß. Wir sahen uns *Nurse Betty* an – diese heitere *Renée-Zellweger*-Komödie. Zum Runterkommen und Abschlaffen. Was nicht klappte. Denn zwischen uns thronte Lilly mit übergeschlagenen Beinen, mit einer Apfelsaft-Nuckelflasche in der Hand und fragte ständig: »Was hat die Frau sagt?«

Ich wusste nicht, was ich tun soll. Denn ich wollte die beste Mutter der Welt sein, ich wollte, dass mein Kind sich bedingungslos geliebt fühlt, auch, wenn dieses Bestreben über meine Kräfte ging und ich drauf und dran war, ganz plötzlich die Nerven zu verlieren und zu der wütendsten Mutter der Welt zu werden, weil mein beinahe dreijähriges Kind leider noch immer nicht in der Lage war, sich selbst zu erziehen.

Ich war allein und hatte keinen Partner, mit dem ich mich hätte darüber beraten können, wann es Zeit wird, Grenzen zu setzen. Und vor allen Dingen: ob es vielleicht doch in Ordnung ist, Grenzen zu setzen? Und wenn ja: An welcher Stelle?

Heute bin ich sehr erleichtert, dass Marcus und ich uns darüber austauschen können, wie das Ins-Bett-Bringen und das damit verbundene Grenzensetzen hinzubekommen sind. Und dass die Grenzen nicht bedeuten, dass wir unsere Kinder nicht lieben. Ganz im Gegenteil. Sich gemeinsam auf gewisse Richtlinien zu einigen, spart unglaublich viel Kraft und bringt geradezu dankbare und ausgeglichene Kinder hervor, die endlich aufhören dürfen, »hungrig« nach immer neuen Ausweich- und Ablenkungsmöglichkeiten suchen zu müssen.

Das abendliche Ins-Bett-Bringen ist bei uns im Grunde genommen die intensivste Zeit des Tages. Es gibt nur uns Eltern, die Kinder und die Schnuffeltücher. Marcus und ich sehen uns sozusagen als Bahnschienen, auf denen unsere Kinder in den Schlaf hinübergleiten, ohne aus der Spur zu kommen.

WER IST HIER DER ERWACHSENE?

Marcus erzählt davon,
warum Eltern sich manchmal unreifer aufführen als ihre Kinder.

Vor ein paar Tagen rief mich einer meiner besten Freunde vom Büro aus an. Das macht er sonst nie. Holger hat immer viel zu tun, darum telefonieren wir eigentlich nur am Wochenende. Jetzt war es mitten in der Woche morgens halb neun. Vielleicht ist etwas passiert, dachte ich und nahm ab.

»Wie geht's denn so?«, fragte er.

»Gut«, sagte ich.

»Alexa auch?«

Wir redeten eine Weile lang hin und her. Aber eigentlich warteten wir beide bloß darauf, dass Holger erzählte, warum er wirklich anrief. Das tat er dann auch.

»Ich hab heute nach meinem Sohn getreten«, sagte er.

»Ach du Scheiße«, sagte ich.

Sein Sohn ist fünf Jahre alt und natürlich liebt mein Freund ihn über alles. An diesem Morgen hatte er ihn in den Kindergarten gebracht. Sonst macht das seine Frau. Vielleicht war die Situation darum ein wenig ungewohnt für Holger. Vielleicht war er auch nur in Eile. Er hat, wie gesagt, einen sehr fordernden Job. Jedenfalls wollte sein Sohn, als sie aufbrachen, plötzlich unbedingt noch diese eine ganz besondere Spielfigur in den Kindergarten mitnehmen, er fand sie nur nicht. Aber ohne sie wollte er auf gar keinen Fall los. Holger durchsuchte die Wohnung, doch als es immer später wurde, drückte er seinem Sohn irgendeine Figur in die Hand, die der allerdings sofort auf den Boden warf, weil es die falsche war. Im Anschluss weigerte er sich dann zu laufen und mein Freund Holger musste ihn das Treppenhaus hinuntertragen. Alles in allem klang es nach dem üblichen Schlamassel, der entsteht, wenn ein Kind seine Angelegenheiten plötzlich sehr genau nimmt, während der Erwachsene in Eile ist.

»Er ist so verdammt konservativ«, rief mein Freund aufgebracht ins Telefon. »Er kann nicht einen Millimeter von seinem Plan abweichen.«

Als sie auf der Straße standen, war der Junge dann doppelt sauer auf Holger. Wegen der Spielfigur und wegen des Tragens. Immer wieder lief er weg und versteckte sich. Drehte sich Holger um und ging einfach weiter, sprang sein Sohn aus dem Versteck und trat ihm von hinten in die Fersen. Dann rannte er lachend weg. Offenbar muss er das mehrere Male gemacht haben. Jedenfalls hat mein Freund seinen Sohn irgendwann gewarnt.

»Was hast du denn gesagt?«, fragte ich.

»Ich hab gesagt: Wenn du das nochmal machst, trete ich zurück.«

»Und dann?«

»Hat er es nochmal gemacht.«

Ich stellte mir das Bild vor, wie ein erwachsener Mann in einer deutschen Großstadt auf dem Weg zum Kindergarten nach einem fünfjährigen Kind tritt. Mir war bewusst, wie das aussah. Meinem Freund auch.

»Stell dir vor, uns hätte jemand gesehen«, sagte er.

»Oh, Mann«, sagte ich.

Es war zwischen uns beiden natürlich vollkommen klar, dass man kein Kind trat. Darüber mussten wir überhaupt nicht reden. Aber mein Freund wollte von mir auch gar nicht wissen, ob so eine Aktion unter Umständen und in Ausnahmefällen vielleicht doch irgendwie gerechtfertigt war. Das wusste er selbst und andernfalls hätte ihm das auch seine Frau sagen können. Er rief an, weil er nicht verstand, wie ihm dieser Totalausfall trotzdem hatte passieren können.

»Ich hab volle Kanne durchgezogen«, sagte er.

»Hast du den Kleinen denn wirklich getroffen?«

»Nein. Also kaum.«

Ich habe meinen Sohn noch nie getreten und selbstverständlich auch keins unserer anderen Kinder. Aber ich musste kein Kind getreten haben, um zu wissen, was an diesem Morgen mit meinem Freund passiert war. Auch ich kannte Momente, in denen ich nicht gelassen bleiben konnte. Jeder kennt das.

Anfangs siehst du es gar nicht kommen. Du sagst einfach nur, dass dein Kind dieses oder jenes machen oder lassen soll. Eine Kleinigkeit. Etwas aufheben und in den Müll bringen, einmal kurz leise sein, weil du eben mal telefonieren musst. Selbstverständlichkeiten. Aber dein Kind hört nicht. Es scheint dich zu ignorieren. Dabei warst du den ganzen Tag so geduldig. Also wirst du deutlicher, sprichst lauter, aber das führt nur dazu, dass dein Kind wegläuft, sich irgendwo versteckt, im Bad einschließt. Offenbar hält es das Ganze für ein Spiel. Also setzt du es dir auf den Schoß, um ihm in die Augen zu sehen, während du ihm sagst, dass das so nicht geht. Aber dein Kind dreht sich weg oder macht Faxen, und deshalb wirst du noch ein bisschen strenger. Da fängt es an, hysterisch zu lachen, oder es schlägt nach dir. Du fühlst dich provoziert, siehst deine Autorität verletzt. Aber du bist irgendwie auch hilflos. Es ist wie früher auf dem Schulhof.

Du musst etwas tun, damit der Andere sieht, dass du es ernst meinst.

Du darfst dir nicht weiter auf der Nase herumtanzen lassen.

Du musst das unmissverständlich klarmachen.

Jetzt ist mal Schluss.

Ich verstehe das.

Ich verstehe auch die Scham, die daraus folgt. Du redest dir ein, dass es nötig war, so mit deinem Kind zu reden, weil es anders offensichtlich nicht zu erreichen war. Aber natürlich hast du gar nichts erreicht außer Wut, Widerstand und Ärger. Das Spielzeug ist immer noch nicht weggeräumt und du kannst noch immer nicht in Ruhe telefonieren. Dafür beschäftigt dich jetzt ein viel größeres Problem.

»Meinst du, er vergisst das wieder?«, fragte mein Freund.

»Ich weiß nicht«, sagte ich. »Hat er sehr geweint?«

»Nein. Das war ja das Komische.«

Das ist dann das Nächste, was dir klar wird. Du hast einen Fehler gemacht. Je häufiger du dir die Situation aufrufst, umso größer erscheint er dir. Du warst ein Zug, der nicht zu stoppen war. Du hast gedacht, du musst deiner Autorität Ausdruck verleihen, aber du hast nur die Geduld verloren. Du hast nicht wie ein Erwachsener gehandelt, sondern wie ein Kind, das sich von einem anderen Kind herausgefordert fühlte. Dann fallen dir Situationen wieder ein, in denen deine Eltern die Beherrschung verloren haben, und du erinnerst dich daran, dass ein Kind einen Erwachsenen natürlich niemals als Kind sehen kann, das sich gerade nicht im Griff hat, sondern immer nur als Erwachsenen, der mit der gesamten Wucht und Wirkung handelt, zu der Erwachsene fähig sind. Jetzt tut es dir leid, du willst es wiedergutmachen und kaufst deinem Kind ein Eis, lässt es einen Film sehen oder erlaubst ihm irgendeine andere Ausnahme. Die Geduld verlieren und um Entschuldigung bitten, dazwischen pendelst du hin und her.

Ich wünsche mir dann, ich würde es schaffen, ruhiger zu bleiben. Mir hilft es, wenn ich mir in solchen Momenten eine Art Mantra aufsage.

Es geht ungefähr so: Du bist hier der Erwachsene. Du bist dafür da, die Dinge zu regeln. Das ist deine Aufgabe. Kein Grund, darüber ärgerlich zu sein. Das Kind ist kein fehlerhafter Erwachsener. Es ist ein Kind. Es macht schon alles, so gut es kann, und falls es doch schiefgeht, es sich doch nicht beruhigt, seinen Ärger doch nicht so schnell los wird, deinem Wunsch doch nicht gleich nachkommt, dann nur, weil es das im Moment gerade nicht besser hinkriegt. Du schaffst es ja auch nicht. Es gibt nur einen Unterschied zwischen euch: Du bist hier der Erwachsene.

MEIN ALLERBESTER FREUND

Alexa erzählt davon,
wie leicht es sein kann, dem anderen zuzuhören – wenn er schreit.

Ich gebe zu, dass ich nicht übermäßig gut mit Kritik umgehen kann. Obwohl ich natürlich eher das Bild von mir habe, dass ich außerordentlich gut mit Kritik umgehen kann. Also, dass mir Marcus – frisch von der Leber weg – alles sagen kann, was ich seiner Meinung nach hätte »besser« machen oder »besser« lassen sollen – und ich darauf freundlich, verständnisvoll und offen reagiere.

Nun ja. Es hat sich mehr oder weniger bewiesen, dass dem nicht so ist. Wie zum Beispiel als wir kurz nach Nelsons Geburt irgendwo in Englands grüner, verregneter Landschaft zum Flughafen unterwegs waren und Marcus fand, dass ich als Beifahrerin mal etwas schneller von Google Maps ablesen sollte. Er meinte mit so einer gewissen Anspannung in der Stimme: »Es wäre hilfreich, wenn du mir die Abfahrt ansagst, bevor wir daran vorbei sind. Außerdem hältst du das Handy verkehrt herum.«

Automatisch fühlte ich mich wie meine Mutter, die sich derartige Vorwürfe in jedem Dänemark-Urlaub von meinem gestressten Vater hatte anhören müssen, während sie tapfer auf dem Beifahrersitz mit unhandlichen Karten kämpfte. Von wegen: »Das kann doch nicht so schwer sein, rechts von links zu unterscheiden!« Dementsprechend habe ich mich in England sogleich mit meiner Mutter und allen bemühten Beifahrerinnen dieser Welt solidarisiert und mit einer ordentlichen Verstimmung reagiert, die darin gipfelte, dass ich sagte: »Dann flieg doch allein nach Hause!«

Ziemlich erwischt fühlte ich mich auch, als Marcus einmal fand, dass ich Rasmus, dessen Hobby nun mal das Turnschuhe-Sammeln ist, nicht noch ein drittes Paar Sonder-Editions-Sneaker hätte kaufen sollen. Richtig bitter wurde es allerdings, als ich Marcus am ersten Weihnachtstag anteilnehmend fragte: »Sag mal, bist du gestresst?« Und er mich unverzüglich böse anstarrte und sagte: »Frag mich nie wieder, ob ich gestresst bin! Denn dann bin ich gestresst!«

Natürlich habe ich mich ungerecht behandelt gefühlt. Schließlich war er gestresst. Von der angebrannten Weihnachtsgans. Dem rußigen Gestank und dass die Kinder sowieso keine Weihnachtsgans essen wollten. Also habe ich mit glühenden Augen zurückgestarrt und erklärt: »Du warst schon vorher gestresst. Und das stresst mich!«

Anschließend ging es noch ziemlich hin und her und selbstverständlich wurde die Diskussion immer unsachlicher, bis wir beide so was von gestresst waren, dass wir gar nicht mehr wussten, worum es im Kern eigentlich noch mal ging. Marcus kriegt in solchen Momenten vor lauter Energieschwund immer dunkle Augenringe bis zu den Knien. Und ich leide unter plötzlichem Ohrenrauschen. Als würde das noch nicht reichen, reagieren Emmi und Nelson auf elterlichen Stress zum Teil so, als hätten sie starke Aufputschmittel genommen. Sie kritzeln Wände an, drücken heimlich Zahnpastatuben aus, schließen sich in der Toilette ein und rollen Klopapier ab.

An diesem herrlichen ersten Weihnachtstag, als mir so richtig die Ohren rauschten, von diesem endlosen, nirgendwohin führenden Dialog über Stress, wünschte ich mir so sehr, dass ich mich bei Kritik nie wieder angegriffen fühle und es zukünftig schaffe, Marcus ruhig zuzuhören, ohne ihn augenblicklich empört anzustarren, ohne innerlich schon zum alles vernichtenden Gegenschlag auszuholen oder – meine gängigste Methode – im Nullkommanichts zum größten, vor Selbstmitleid vergehenden Opfer aller Zeiten zu mutieren.

Ich dachte: Vielleicht wäre es geschickt, wenn ich mir beim nächsten Streitgespräch vorstelle, Marcus ist einfach nur mein allerbester Freund, dem ich als seine allerbeste Freundin anteilnehmend zuhöre. So, als würde er mir – seiner allerbesten Freundin – vertrauensvoll von einem Disput zwischen ihm und seiner Ehefrau berichten. Weswegen ich – als seine allerbeste Freundin und unbeteiligte Person – ganz Ohr sein könnte. Auch, wenn er schreit. Womöglich würde ich auf diese Weise sogar ein gutes Wort für seine Ehefrau einlegen können!

Und genau das ist jetzt mein Trick! Der sich besonders bei Themen anbietet, die schwerer zu klären sind als ein paar zu viel gekaufte Sonder-Editions-Sneaker. Stichwort: Kindererziehung!

Erst neulich hatten Marcus und ich es da wieder mit unterschiedlichen Sichtweisen zu tun.

Ich hatte für Lilly die Hausaufgaben gemacht. Nichts Großes. Nur ein Referat über Picasso. Da Lilly noch so viel für Mathe und Bio zu tun hatte. Ich fand nichts dabei. Erstens kenne ich mich ziemlich gut mit Picasso aus. Zweitens hatte meine Mutter für mich in der Schulzeit auch schon mal ein Picasso-Referat geschrieben, weswegen ich mich bis heute so gut mit dem Lebenswerk dieses Künstlers auskenne und auch weiß, wie man grundsätzlich ein Referat strukturiert. Darum fand ich es auch mehr als richtig, das Gleiche für Lilly zu tun. Außerdem tat mir meine Tochter leid, weil sie schon den ganzen Nachmittag an ihren Hausaufgaben saß. Sowieso ist es unfassbar, was Jugendliche heute für die Schule zu leisten haben. Da muss man als Eltern hier und da mal Arbeit abnehmen. Ich war mir sicher, dass man diese Angelegenheit gar nicht anders sehen konnte – bis Marcus davon Wind bekam. »Äh ... Seit wann machen Mütter für ihre Kinder die Hausaufgaben?«

Und ich: »Wieso? Was spricht dagegen?«

Tja. Erstens fand Marcus, dass Lilly im Vorfeld versäumt hatte, ihre Hausaufgaben richtig einzuteilen – was nicht durch meine Hilfe belohnt werden sollte. Zweitens war Marcus der Ansicht: »Lilly lernt das Strukturieren von Referaten nur, indem sie das Referat selber schreibt.« Und drittens war für Marcus in der Schulzeit nie ein Referat geschrieben worden, weswegen er befürchtete, dass ich zukünftig permanent Lillys Schulaufgaben machen würde, während sie sich auf meine Kosten bequem zurücklehnte.

Marcus fand mein Verhalten also äußerst unpädagogisch. So, als würde ich mich ausbeuten lassen – während ich mein Picasso-Referat als einen Akt der Nächstenliebe verstanden sehen wollte. Denn: Niemals wäre ich davon ausgegangen, dass meine Tochter es sich auf meine Kosten bequem machen würde. Ich sagte: »Viel eher soll Lilly durch mich lernen, dass es schön und selbstverständlich ist, anderen zu helfen, die Hilfe brauchen.« Denn so hatte ich es von meinen Eltern gelernt!

Nun ja, es ist kein Geheimnis, dass Diskussionen über Erziehungsfragen eigentlich nie Diskussionen über Erziehungsfragen sind, sondern Machtkämpfe zwischen den Eltern, die ihr Selbstbild verteidigen und ihre eigene Kinderstube als die einzig denkbare erachten.

Gut also, dass ich zu diesem Zeitpunkt bereits wild entschlossen war, in Marcus »nur« meinen allerbesten Freund zu sehen. Sonst hätte diese Diskussion ums Picasso-Referat und die unterschiedlichen Erziehungsmethoden unserer Eltern das Potential gehabt, gehörig zu explodieren.

Kein Problem für mich. Ich hörte ganz entspannt meinem allerbesten Freund zu – egal, was er mir zu sagen hatte. Egal, wie weit Marcus' Sichtweise von meiner abrückte, egal an welcher Stelle ich seiner Meinung nach »blauäugig« war. All das machte mir nicht das Geringste aus. Ich blieb ganz cool. Aber nicht, weil ich Marcus' Sichtweise an mir abglitschen ließ – sondern, weil ich ihm mit einem Mal ruhig zuhören konnte. Ich wurde ja nicht angegriffen. Ich hatte ja nichts zu verteidigen. Marcus war ja »nur« mein allerbester Freund, der mir gerade von seiner Frau erzählte, die seiner Patchworktochter ein Picasso-Referat geschrieben hatte.

Und als mein allerbester Freund seine Sicht auf das Referat, Kindererziehung und das Leben im Allgemeinen final dargelegt hatte, konnte ich ihm ganz entspannt meine Philosophie bezüglich Hilfeleistungen näherbringen. So, als sei ich einfach »nur« seine allerbeste Freundin, die ihm erklärt, warum »seine« Frau für Lilly die Hausaufgaben erledigt hat und warum Kinder auf diese Weise trotzdem Selbstständigkeit lernen. Zum Beweis gab ich zu bedenken: »Schließlich schreibt deine Frau heute ihre Bücher auch selbst!« Interessanterweise hörte Marcus mir mit einem Mal total entspannt zu. Er nickte sogar zur Bestätigung und sagte Sätze wie: »So habe ich das noch gar nicht gesehen.« Und ich sagte: »Ich kann dich aber auch gut verstehen.«

Während wir also in der Küche standen und nun an einer ultimativen Fusion aus unser beider Kinderstuben arbeiteten, wieselten Emmi und Nelson mal wieder um uns herum. Allerdings dieses Mal vollkommen gelöst und entspannt. Behutsam zogen sie Kochtöpfe aus dem Schrank, stritten sich zum ersten Mal nicht um die kaputte Taschenlampe und wollten auch nicht wie sonst als Übersprungshandlung Vanillepudding kochen. Plötzlich war alles so harmonisch – dabei wurde hier in der Küche gerade Grundsätzliches verhandelt.

VON FEST ZU FREI

Marcus erzählt davon,
dass Kündigen manchmal der einzige Weg sein kann, um erfolgreich zu sein.

»Kannst du gut loslassen?«

Angeblich habe ich Alexa diese Frage schon an dem Abend gestellt, an dem wir uns kennenlernten. Zumindest ist das ihre Erinnerung.

Wenn es so war, habe ich natürlich nichts dagegen. Es klingt immerhin besser als das, was ich befürchtet hatte. Denn um ehrlich zu sein, erinnere ich mich nicht, viel gefragt zu haben. Ich weiß aber, dass ich viel geredet habe. Ich stand der Frau meines Lebens gegenüber und redete, wovon alle Männer am liebsten reden – Arbeit.

Ich war damals Reporter für eine große Tageszeitung. Ich konnte schreiben, worüber ich wollte, ich hatte einen unbefristeten Vertrag, ein gutes Gehalt und einen Chef, der mich für genial hielt. Manchmal übernachtete ich im Büro, wenn ich mit einem Text nicht fertig geworden war. Ich fand das nicht schlimm. Ich wäre nie auf die Idee gekommen, von meiner Arbeit als einem Job zu sprechen. Bei einem Job ging man morgens hin und abends heim. Eine Arbeit aber bestimmte das ganze Leben. Genau so wollte ich das.

Wo ich lief, stand oder saß, ob morgens im Café oder abends im Fitnessstudio, immer hatte ich eine Zeitung dabei, schrieb Emails, checkte Nachrichten, machte mir Notizen. Ich konnte kein Buch lesen und keinen Film sehen, ohne mich zu fragen, wie ich die Geschichte für meine Arbeit nutzen konnte. Ich erinnere mich an keine Urlaubsreise, auf die ich nicht Arbeit mitgenommen hätte, die nicht fertig geworden war. War ich zurück, schrieb ich dann über die Urlaubsreise einen Artikel. Traf ich Freunde, redeten wir über Arbeit, was logisch war, weil auch alle meine Freunde dieselbe Arbeit hatten wie ich.

Wann immer ich euphorisch, niedergeschlagen oder unsicher war, hing es mit meiner Arbeit zusammen. Es gab nichts Wichtigeres. Sogar die Party, auf der ich Alexa traf, war eine Arbeitsparty. Eine Arbeitskollegin stellte uns vor, und vermutlich war ich an diesem Abend nur deshalb so gelöst, weil ich gerade einen langen Text geschrieben hatte, der am nächsten Tag in der Zeitung erscheinen sollte.

Hätte mir damals jemand gesagt, dass ich vier Jahre später meine Karriere als Journalist freiwillig beenden, meine Stelle kündigen und mein Büro räumen würde, um mich gemeinsam mit meiner Frau um unsere Kinder zu kümmern, hätte ich mich wohl von der Dachterrasse gestürzt, auf der Alexa und ich gerade standen.

Als ich bei Alexa und den Kindern einzog und plötzlich eine Familie hatte, ging ich erst einmal genauso ins Büro wie vorher. Ich frühstückte nicht mehr allein mit drei Zeitungen, sondern machte mit Alexa zusammen die Kinder für die Schule fertig. Ich blieb nicht mehr bis spätabends im Büro, ließ die Kollegen auch mal ohne mich zum Mittagessen gehen, kürzte Telefonate und Sitzungen ab, indem ich sie auf das Wesentliche beschränkte, anstatt noch den Bürotratsch mitzunehmen. Auf einmal freute ich mich auf das Wochenende, weil das für mich nicht mehr die Zeit war, in der ich keinen im Büro erreichte, sondern die Zeit, in der ich mit meiner Familie Ausflüge unternahm. Ich begann ein Leben zu führen, das in Arbeit und Freizeit zerfiel, aber ich war glücklich damit.

Saß ich länger im Büro, bedrückte mich die Vorstellung, dass Alexa und die Kinder sich zur selben Zeit an unserem Wohnzimmertisch von ihrem Tag erzählten. Ich wollte nicht nach Hause kommen, wenn alle schon gegessen hatten. Ich wollte nicht zu einem Abendtermin müssen, wenn die Kinder ins Bett gingen und ich ihnen nicht vorlesen konnte. Ich wollte meine Familie nicht vertrösten, bis sie schließlich nicht mehr auf mich wartete, weil sie wusste, dass sie nicht Teil meines Lebens war, so wie ich nicht Teil ihres Lebens war. Dieser Gedanke schnürte mir die Kehle zu.

Aber dann, auf dem eiligen Nachhauseweg in der Straßenbahn, fiel mir die Arbeit ein, die ich nicht geschafft hatte, und ich fragte mich, was mit meiner Karriere passieren würde, wenn ich jetzt nicht dranblieb. Was würde aus mir werden? War ich nicht überhaupt nur so weit gekommen, weil ich der Arbeit einen so großen Platz eingeräumt hatte? Wie sollte ich jetzt, wo die Arbeit sich diesen Platz mit meiner Familie teilen musste, nicht abfallen?

Seit Ewigkeiten bewarb ich mich jedes Jahr um die drei wichtigsten Journalistenpreise. Sie wurden vor großem Publikum verliehen, das wiederum aus Journalisten bestand, die sich ebenfalls seit Jahren um diese Preise bewarben oder sie bereits gewonnen hatten. Wer einen dieser Preise einsammelte, das war auf jeder dieser Veranstaltungen klar, hatte etwas erreicht, das einem keiner nehmen konnte. Vielleicht wollte ich die Preise deshalb so unbedingt gewinnen, weil ich nicht sicher war, ob ich durch irgendeine Wendung des Schicksals nicht alles, was ich mir aufgebaut hatte, wieder verlieren konnte. Ich dachte, ich sei endlich sicher mit so einem Preis. Manchmal war ich sogar knapp dran gewesen, aber nie hatte ich gewonnen. Einmal war ich darüber so enttäuscht, dass ich den ganzen Abend nicht sprechen konnte und vom Preisträger getröstet werden musste. Es war furchtbar. Dabei hatte ich für meine Texte vermutlich viel mehr Zeit aufgewandt als die meisten meiner Kollegen. Wie sollte ich jetzt, wo ich viel weniger Zeit hatte, gewinnen?

Auf der anderen Seite musste ich zugeben, dass meine Texte, seit ich weniger Zeit hatte, nicht schlechter, sondern eher besser geworden waren, und das lag an meiner Familie. Alexa nahm die Welt ganz anders wahr, als sie in der Zeitung stand. Sie sah andere Themen oder in denselben Themen andere Aspekte. Sie urteilte nicht nach den Maßstäben von Sieg und Niederlage, die meine Kollegen und ich an alles anlegten. Sie brachte mich auf vollkommen neue Ideen. Hatte ich früher keinen Artikel angefangen, wenn ich nicht wusste, wo ich am Ende herauskommen würde, war genau das jetzt der Grund, ihn überhaupt zu beginnen. Auf einmal war ich neugierig auf mich selbst. Etwas, das ich allein nicht hinbekommen hätte, hatte sich verändert – die Überzeugung, dass ich meine Arbeit nur so und nicht anders machen kann, wenn sie gut werden soll.

In dem Jahr, in dem mein Sohn Nelson geboren wurde, schrieb ich mehr als je zuvor. Ich schrieb, bevor alle wach waren oder wenn alle schliefen. Ich schrieb, auch wenn ich müde war oder nur eine halbe Stunde hatte, für die es sich eigentlich nicht anzufangen lohnte. Ich hatte weniger Zeit, Ruhe und Kraft als vorher, trotzdem fühlte ich mich frei. Es entstanden Artikel, von denen ich früher gesagt hätte, die können nicht von mir sein, so kriege ich das nicht hin. Dazu kam das große Glück, dass mein Chef mich viel von zu Hause arbeiten ließ, weil ihm genügte, dass ich gute Texte ablieferte, und ihm egal war, wo ich sie schrieb. Aber natürlich ging das nicht lange gut.

Als Alexa und ich zum ersten Mal Eltern wurden, habe ich keine Sekunde darüber nachgedacht, wer von uns beiden sich hauptsächlich um unseren Sohn kümmern wird. Ich ging einfach davon aus, dass jeder die Hälfte übernimmt, und da wir dem Baby die Flasche gaben, betraf das selbstverständlich auch das nächtliche Aufstehen. Der Grund war ganz einfach: Ich wollte niemals auf Kosten von jemand anderem leben. Wenn wir Kinder haben, haben wir sie zusammen. Dann wird nicht einer ins Büro gehen und den anderen allein lassen. Darin waren wir uns vollkommen einig. Wir wollten beide nicht ein Leben auf Kosten des anderen führen, niemals, bei nichts. Diesem Punkt ordnete sich alles unter. Der Rest ergab sich daraus.

Als zwei Jahre später unsere Tochter Emmi geboren wurde, konnte ich nicht mehr von zu Hause aus arbeiten. Die Zeitung wollte mich wieder im Büro sehen. Kollegen, die mich kaum kannten, legten plötzlich Wert darauf, dass ich hinter meinem Schreibtisch sitze, selbst wenn sie nie bei mir vorbeikommen würden. Ich lernte das Wort Präsenzpflicht kennen und musste verstehen, dass es bei einer Zeitung eben nicht nur um gute Texte oder Ideen ging, sondern auch darum, dass sich niemand zurückgesetzt oder ausgenutzt vorkommen darf. Das heißt nicht, dass ich andere Leute meine Arbeit machen ließ, vor allem das nicht. Es heißt nur, dass am Ende auch eine Zeitung, wie jede Firma, ein soziales Gefüge ist, das durch Konferenzen, Kantinenbesuche und gemeinsame Spätschichten zusammengehalten wird. Dieses Gefüge verletzte ich. Anfangs fiel es mir schwer, das zu verstehen. Aber irgendwann sah ich es ein. Ich konnte nicht beides haben. Ich musste eine Entscheidung treffen. Zum ersten Mal dachte ich darüber nach, meine Stelle zu kündigen und Freiberufler zu werden.

Bis ich Alexa traf, kannte ich niemanden, der selbstständig war, wenigstens nicht freiwillig. Ich komme aus einer Familie von Angestellten. Meinen ersten Arbeitsvertrag habe ich mit Mitte zwanzig unterschrieben. Ich nahm an, er sei die Voraussetzung, um überhaupt loslegen zu können. Ich wurde Teil einer Organisation, und das verschaffte mir nicht nur ein regelmäßiges Gehalt, einen Urlaubsanspruch, ein Büro und Kollegen, es strukturierte meinen Tag und, was den Plan für eine Karriere betraf, auch mein Leben. Durch meine Stelle wusste ich, wer ich war und wer ich noch werden konnte. Ich hatte einen Platz in der Welt. Der Mann von der Zeitung, dessen Texte gedruckt wurden. Wenn ich kündigte, wie sollte ich das alles – Aufgabe, Sinn, Bedeutung, Gehalt – für mich allein organisieren?

War ich überhaupt der Mann dafür?

»Das musst du für dich wissen«, sagte meine Mutter, die alle Artikel von mir in einem Ordner sammelt. »Verarmt ist man jedenfalls schnell.«

»Ich halte das für Wahnsinn«, sagte mein Freund, festangestellter Journalist genau wie ich, »aber ich bin gespannt, was dabei herauskommt.«

Nachdem ich den Gedanken zum ersten Mal gehabt hatte, ging ich natürlich immer noch ins Büro. Alles war wie sonst, es fühlte sich nur nicht mehr so an. Etwas hatte sich verändert, und nicht vorübergehend. Ich stand damit auf und ging damit ins Bett. Immer wieder begründete ich Alexa, dass sich etwas ändern musste, dabei war sie meiner Meinung. Ich redete und redete, dabei wollte ich keiner sein, der nur redet. Ich musste den nächsten Schritt gehen. Ich wusste nur nicht, wohin er mich führen würde.

»Egal, wie du dich entscheidest«, sagte Alexa. »Ich bin an deiner Seite.«

Kurz darauf merkte Alexa, dass sie wieder schwanger war. Wir würden noch ein Baby bekommen, das dritte in vier Jahren, das fünfte Kind in unserer Familie. Für einen Moment erfasste uns die helle Panik. Wir saßen auf dem Sofa in unserem Wohnzimmer, hielten uns aneinander fest und wussten nicht, wie wir das alles schaffen sollten. Aber dann fragten wir uns, was die Alternative wäre, und die war keine für uns. Wer kommen wollte, sollte kommen. Was passieren sollte, würde passieren. Wir kämen mit allem zurecht. Wir hatten etwas begonnen, dem wir keine Zügel anlegen wollten.

Ein paar Tage später setzte ich mich hin und schrieb meinem Chef einen Brief, in dem ich mich bei ihm für alles bedankte – und kündigte.

DUMME SACHEN MACHEN

Alexa erzählt davon,
dass Kinder keine Mörder sind, auch wenn sie jemanden fast umbringen.

Leider machen wir in unserem Leben hin und wieder mal dumme Dinge. Das fängt schon in der frühesten Kindheit an. Mit acht Jahren habe ich meinem Mitschüler Gregor auf einer Geburtstagsfeier ein Bein gestellt, als er gerade die Kellertreppe runterrennen wollte. Unten im Hobbykeller feierte meine Klassenkameradin Melanie pompös ihren Neunten. Mit Kinder-Disco. Chips-Cola-Erdnussflips-Büfett und Lichtorgel. Meine »Tat« passierte für mich selbst ganz überraschend. Ich stand an der Treppe, ich sah Gregor von der Toilette kommen, ich stellte mein Bein vor und – zack – sauste er auch schon die Kellertreppe hinunter.

Ich werde diese Sequenz nie vergessen. Ich erinnere mich ungefähr einmal im Monat daran. Mir läuft noch immer ein kalter Schauer über den Rücken, wenn ich daran denke, was alles hätte passieren können. Gregor hätte sich das Genick brechen können. Ein Schädelbasisbruch wäre auch möglich gewesen. Oder eine Querschnittslähmung. Glücklicherweise ist damals nichts passiert, mal abgesehen davon, dass Gregor eine immense Beule auf der Stirn hatte und sich die restliche Klasse inklusive Melanies Eltern auf mich gestürzt und im Chor gebrüllt haben: »Hast du nicht mehr alle Tassen im Schrank?« Sie waren vollkommen aus dem Häuschen. »Was hast du dir dabei gedacht?« Ich konnte nur hilflos mit den Schultern zucken. »Wolltest du ihn umbringen?« Ich schätze, ich wollte einfach nur sehen, wie Gregor die Treppe hinuntersaust. Das klingt entsetzlich – ich weiß. Und ich schäme mich bis heute dafür. Und würde ich Gregor durch Zufall irgendwo treffen, würde ich sagen: »Es tut mir so unendlich leid.«

Als ich neulich mit einem Arm voller Wäsche ins Wohnzimmer kam, standen Emmi und Nelson plötzlich auf dem Esstisch. Keine Ahnung, wie sie da hinaufgekommen waren. Zumindest für Emmi hätte das eigentlich ein Ding der Unmöglichkeit sein dürfen. Rundherum auf dem Boden hatten die beiden in Windeseile unsere Sofakissen verteilt. Und bevor ich überhaupt sagen konnte: »Kommt sofort da runter!« –, hatte Nelson Emmi schon einen winzigen Schubs gegeben und sie stürzte kopfüber zwischen zwei Kissenberge. Wie durch ein Wunder ist nichts passiert.

Mir wurde bei einem Kindergeburtstag von einem netten achtjährigen Gast aus Versehen die Lippe aufgeschlitzt. Der Junge wollte nur mal zeigen, wie gut er mit seinem neuen Taschenmesser hantieren kann.

Meine Schwester hat mit achtzehn auf der Autobahn einen U-Turn gemacht. Wie durch ein Wunder ist nichts passiert.

Marcus hat in der sechsten Klasse seinen Mitschüler Torsten mit einem Pfeil beworfen, der ihn an der Schläfe, direkt neben dem Auge getroffen hat.

Vor unserem Haus hat ein Autofahrer seine Wagentür aufgemacht, als eine Frau auf dem Rad vorbeifuhr.

Als ich siebzehn war, wollte mir ein Freund im Park stolz seine Unterwasserharpune präsentieren. Er schoss damit auf einen Baum, das Ding prallte zurück und streifte mich mit seinen Widerhaken an der Schulter.

Und mein Bruder wurde im Kindergarten beim Sommerfest von seinem besten Freund Theodor von der Kletterburg geschubst. Ich weiß noch, wie sich alle Anwesenden auf den erschrockenen Theodor stürzten. Die Erzieher, die anderen Eltern, die Kinder. Alle brüllten auf den kleinen Theodor ein. »Was hast du dir dabei gedacht?« – »Bist du wahnsinnig?« – »Willst du Benno umbringen?« Lauter Fragen, die der arme Theodor gar nicht beantworten konnte, die ihn aber alle zu einer Art Bestie abstempelten, die er definitiv nicht war. Theodor war, wie wir alle anderen auch, einmal kurz dumm gewesen. Und während alle Theodor anbrüllten, kriegte leider niemand mit, dass mein kleiner Bruder ohnmächtig geworden war.

Ich habe wirklich nichts dagegen, Kinder augenblicklich zur Seite zu nehmen, wenn sie etwas Dummes getan haben – oder noch besser: bevor sie vorhaben, etwas Dummes zu tun. Nur sollte man sie dabei nicht stärker traumatisieren als das Opfer. Oder stigmatisieren. Wie Theodor, der von den anwesenden Erwachsenen vor lauter Aufregung als Wahnsinniger beschimpft wurde. Dem kleinen Jungen wurde ja mehr oder weniger unterstellt, er habe meinen kleinen Bruder töten wollen. So was sitzt tief!

Es ist wirklich eine Gratwanderung – diese Sache mit der Erziehung. Aber ist es überhaupt Erziehung, die Nerven zu verlieren und die Aufregung an den erschrockenen Kindern auszuagieren?

Natürlich wusste ich damals schon, dass man seine Klassenkameraden keine Kellertreppen hinunterstürzen lässt. Nelson wusste, dass man seine zweijährige Schwester nicht vom Tisch schubst, und meine Schwester wusste mit Sicherheit auch, dass man besser keinen U-Turn auf der Autobahn macht. Ebenso war dem Taschenmesser-Jungen klar, dass man kleinen rothaarigen Mädchen im blauen Faltenrock und weißer Puffärmelbluse nicht die Lippe aufschlitzt.

Aber manchmal sind wir Menschen einfach dumm im Kopf. Als Kinder. Besonders als Jugendliche. Und teilweise noch als Erwachsene. Wie Lemminge folgen wir irgendeinem seltsamen, inneren Impuls und wachen erst wieder auf, wenn es schon passiert ist. Wir können nur hoffen, dass bei diesen Aktionen niemand ernstlich zu Schaden kommt. Dass wir selbst nicht zu Schaden kommen und dass wir daraus lernen. Dass jede dieser dummen Aktionen uns wacher macht und dafür sorgt, dass wir den Zusammenhang zwischen Ursache und Wirkung erkennen und spätestens als Erwachsene nicht mehr vollkommen wehrlos unseren Impulsen und Reflexen zum Opfer fallen.

Für den Jungen, der mir die Lippe aufgeschlitzt hat, für Theodor, der meinen kleinen Bruder von der Kletterburg geschubst hat, und für mich, die Gregor an der Kellertreppe ein Bein gestellt hat, hätte ich mir ein paar Erwachsene gewünscht, die nicht automatisch drauflos brüllen. Denn wir kindlichen »Übeltäter« waren ja ohnehin schon über uns selbst geschockt. Für uns Kinder – aber auch für unsere Opfer – wären Erwachsene mit mehr Klarheit, Wachheit und Präsenz hilfreich gewesen. Damit wir uns alle wieder beruhigen können. Damit wir Kinder genau diesen Moment hätten nutzen können, um unsere eigene Klarheit, Wachheit und Präsenz zu vergrößern, um nicht wieder in geistiger Abwesenheit wirklich dumme Dinge zu tun, die wir später bereuen.

PUBERTÄT

Marcus erzählt davon, warum diese Phase vollkommen zu Unrecht ein schlechtes Image hat.

Vor einiger Zeit kamen unsere beiden großen Kinder in die Pubertät. Nach allem, was uns andere Eltern über ihre schlimmen Erfahrungen berichtet hatten, machte ich mich auf Einiges gefasst. Wie vorhergesagt, wurden natürlich auch wir für peinliche Eltern gehalten, Zimmer zugemüllt, Handys geworfen oder wurde plötzlich und aus nichtigem Grund in Tränen ausgebrochen. Aber alles in allem hatte ich mir aus der Richtung irgendwie mehr erwartet. Ich will damit nicht sagen, dass ich von der Pubertät unserer Kinder enttäuscht bin, im Gegenteil. Sie frage mich, warum diese Phase so ein derart schlechtes Image hat.

Nehmen wir nur zwei Beispiele.

Als Lilly in diese Phase kam, wurde auf einmal das Thema Essen wichtig. Das geht leider vielen Mädchen so, und da Lilly jemand ist, der so isst, wie er lebt, nämlich mit Freude, tat es mir für sie leid, dass sie nun anfing, Kalorien zu zählen. Von einem Tag auf den anderen erkundigte sie sich jetzt, was ich abends kochen und welche Zutaten ich dafür verwenden wollte. Nach einer Weile genügte es ihr nicht mehr, die Inhaltsangaben über Zuckergehalt und Fettanteil auf den Verpackungen erst dann zu lesen, wenn Alexa und ich sie schon gekauft hatten. Sie wollte lieber vorher mitreden. So kam es, dass uns unsere große Tochter immer häufiger zum Einkauf begleitete. Zuerst suchte sie nur manisch die Regale ab, was sie »überhaupt noch essen« konnte, wie sie sagte, aber dann begannen wir, Gespräche über Lebensmittel zu führen. Woher kommt Quinoa? Was hat das mit Indianern zu tun? Kauft man Erdbeeren im Winter? Warum ist Biofleisch teurer? Soll man mehr Geld für besseres Essen ausgeben? Bei welchen Dingen würde man dann auf der anderen Seite sparen?

Es war unglaublich, wie viel und wie leicht wir reden konnten – über die Art, wie wir lebten, wie andere lebten, wie Lilly einmal leben wollte – und zwar nicht als Eltern-Vortrag am Küchentisch, sondern weil Lilly sich auf einmal für Essen interessierte und Alexa und ich mit ihr einkaufen gingen.

Irgendwann fing sie sogar an, selbst zu kochen. Bei ihrem Vater kochte sie Gerichte, die ich ihr gezeigt hatte, bei uns Gerichte, die es bei ihrem Vater gegeben hatte. Allein das machte mir das Herz auf. Natürlich sah unsere Küche danach aus, als habe hier jemand für die übliche Breite der Pfannen, Schüsseln und Schneidebretter noch zu viel Schwung gehabt. Aber anstatt das als Einladung zu begreifen, Lilly nun den passenden Vortrag über Ordnung am Arbeitsplatz zu halten, den alle Eltern wie vom Band abspulen können, freuten wir uns mit ihr darüber, dass ihr etwas gelungen war, das sie sich selbst überlegt und vollbracht hatte. Für Ordnung am Arbeitsplatz würde sie sich schon von ganz allein interessieren, wenn ihre Gerichte bald so kompliziert wurden, dass sie ohne Ordnung nicht weiterkam – und so war es ja dann auch.

Dass Rasmus in diese Phase kam, haben wir im Grunde erst gemerkt, als er uns fragte, ob seine Freundin Nelli heute zu uns kommen darf. Alexa und ich saßen noch sprachlos am Wohnzimmertisch und überlegten, ob wir ihm den Vortrag über Blumen und Bienen halten müssen, den ebenfalls alle Eltern auf Band haben, als er schon einmal begann, sein Zimmer für den Besuch vorzubereiten. Dinge, für die er sich bisher kaum interessiert hatte, bekamen schlagartig eine große Wichtigkeit. Der Haushalt, in dem er lebte, erschloss sich ihm plötzlich auf vollkommen neue Art und Weise. Wo stand denn bei uns der Staubsauger? Wie wechselt man da den Beutel, wenn der alte voll ist? Und wie funktionieren Waschmaschine und Trockner, wenn die Lieblingsbettwäsche in zwei Stunden fertig sein muss?

Als die Freundin unseres Sohnes schließlich klingelte, strahlte sein Zimmer eine derart wohnliche Atmosphäre aus, wie es das sonst nur tat, wenn seine Schwester es ihm aufgeräumt hatte. Für seine Turnschuhsammlung hatte er aus dem Schuppen ein Regal geholt, das ich vor langem für uns gebaut hatte und das er offenbar schön fand. All die Comicbände und Ausstellungskataloge, die wir ihm geschenkt hatten, um ihn wieder zum Zeichnen anzuregen und in die Rasmus nie einen Blick geworfen hatte, lagen jetzt auf seinem Schreibtisch wie in der Auslage eines Museums-Shops. Nach Wochen, in denen Alexa und ich unseren Sohn manchmal nur schwer für uns begeistern konnten, waren wir sehr berührt davon, wie viel von uns in dem enthalten war, was er seiner Freundin von sich zeigen wollte.

Nelli war ein nettes und fröhliches Mädchen, das von seiner Mutter gebracht wurde, die nun ähnlich sprachlos an unserem Tisch saß, während unser Sohn mit ihrer Tochter bereits in seinem Zimmer verschwunden war. Wie sich herausstellte, interessierte sich Nelli tatsächlich für Comics, aber das bemerkten wir erst, als sie wieder gegangen war und Rasmus begann, die Wände seines Zimmers mit feinen Bleistiftzeichnungen zu versehen. Nach ihrem zweiten Besuch hatte sie offenbar auch noch mit dem Verdacht aufgeräumt, dass man sich mit uns nicht unterhalten kann. Jedenfalls berichtete uns unser Sohn in einem mehrere Minuten dauernden Gespräch, dass sie uns »sehr süß« gefunden habe.

Das waren jetzt nur zwei Beispiele.

Ich verstehe, wenn Eltern von der Pubertät genervt sind oder von ihren Kindern wie von seltsamen Tieren erzählen, die man nur fassungslos beobachten kann. Aber irgendwie trifft weder das eine noch das andere den Aufruhr dieser Zeit, in der unsere Kinder ins Leben aufbrechen und sich fragen, wer sie sein sollen in einer Welt, die sich ihnen auf einmal auftut, so groß und reich wie vielleicht nie wieder danach.

DIE RÄDER AN DER WIEGE

Alexa erzählt davon,
dass es kein Parallelleben als
Bacardi-Cola-Model gibt.

Für unser fünftes Baby »Holly Elisabeth« haben Marcus und ich eine neue Wiege gekauft. Um ehrlich zu sein: Ich habe mich beim Kauf durchgesetzt. Nun bin ich es, die unsere kleine Holly abends hinlegt. Marcus bringt dafür Emmi und Nelson ins Bett. So weit, so gut, wären da nicht diese Räder unserer neuen Wiege, die sich ständig verkeilen, was dazu führt, dass ich die Wiege mehr oder weniger über den Fußboden schleifen muss; was so laut ist, dass Holly nicht einschläft, sondern vor Wut kreischt. Anstatt aber einfach nur die Räder wieder zu justieren, erkläre ich mir automatisch im Kopf: »Marcus ist schuld!« Logisch ist das nicht, denn ich habe ja die Wiege ausgesucht. Aber leider habe ich exakt diesen unrühmlichen Mechanismus bei mir beobachtet, dass irgendjemand Schuld an meinem Frust sein muss. Früher in der Pubertät war es grundsätzlich meine Mutter. Und wer würde sich heute besser dazu eignen als mein Partner?

Ich finde den ausgespuckten Schnuller nicht: »Klar! Marcus ist schuld!«

Das Rollo lässt sich nicht mehr runterziehen: »Marcus ist natürlich schuld!«

Ich finde das Nachtlicht nicht: »Marcus ist so was von schuld!«

Ich stoße mich beim Rausgehen am Türrahmen: »Marcus ist schuld an diesem Türrahmen und dass ich mich daran stoße!«

Ich war nur zehn Minuten im Kinderzimmer, um Holly Elisabeth sanft in den Schlaf zu schaukeln, und komme dampfend in der Küche wieder an, weil mindestens zehn Nebensächlichkeiten nicht so geklappt haben, wie ich mir das vorgestellt habe. Ich weiß, es ist ungerecht und ich wünschte wirklich, es wäre nicht so, aber insgeheim habe ich – wie die meisten Menschen auch – den Anspruch, dass mich mein Partner rundum glücklich macht und im voreiligen Gehorsam sämtliche Unwägbarkeiten eliminiert, bevor sie sich manifestieren. Begegne ich Marcus jetzt wieder in der Küche, wo er schon mal heimlich einen Schluck aus der Weinflasche nimmt, ist es kein Wunder, dass ich ihn so richtig grimmig anstarre. »Aha! Du entspannst wohl schon!«

Irgendeine Fehlschaltung sorgt in uns Menschen dafür, dass wir ziemlich häufig glauben, wir hätten etwas Besseres verdient als das, was gerade ist. Ansonsten müssten wir ja nicht frustriert sein. Aber anstatt zu erkennen, dass wir frustriert sind, weil wir glauben, wir hätten eigentlich etwas viel Besseres verdient, gehen einige von uns Menschen noch einen Schritt weiter und begründen unseren Frust damit, dass wir durch irgendeinen dummen Zufall womöglich den »falschen« Partner abbekommen haben. Könnte das nicht sein? Schließlich haben wir uns mit Anfang zwanzig unsere Zukunft ganz anders vorgestellt. Weniger vertrottelt. Weniger langweilig. Dafür definitiv aufregender, leidenschaftlicher, sehnsuchtsvoller oder spektakulärer. In jedem Fall aber mindestens so legendär wie diese *Mickey-Rourke-Kim-Basinger*-Honig-Szene aus *9 ½ Wochen*. Ohne verkeilte Räder an der Wiege. Oder Zahnpastareste im Waschbecken. Keine liegengelassenen Socken. Und die beim Einkaufen vergessene Butter bringt uns irgendwann noch mal ins Grab!

Wenn nur der eigene Partner wenigstens im Ansatz »so« wäre wie dieser eine passgenaue, für uns »gemachte«, aufmerksame, hochkonzentrierte, verständnisvolle, eloquente, reife, souveräne, gutaussehende Partner, der bedauerlicherweise gerade sonst wo auf dem Erdball herumgeistert und sofort die Räder an der Wiege austauschen würde! Die gute Nachricht ist: Die meisten Menschen sind sich sicher, dass ihnen fraglos ein perfekterer Partner zusteht. Was logischerweise bedeutet, dass es diesen perfekten Menschen gar nicht gibt.

Wir können also aufhören, von einem Hollywood-Film-Superhirn-Partner zu fantasieren. Denn: Wir haben ihn bereits. Warum sonst haben wir mit ihm unsere Familie gegründet? Dies ist unser Leben – es gibt keins parallel, in dem wir – noch immer als *Kim-Basinger*-Verschnitt oder wenigstens als *Bacardi*-Cola-Model – mit sexy Hammerfigur im hochausgeschnittenen Badeanzug, einem Glas *Bacardi*-Cola in der Hand, am weißen Karibiksandstrand mit braungebrannten Typen und all unseren ewig junggebliebenen, bestens gelaunten Muschelkettchen-Freunden tanzen und uns gegen den Platzregen einen Unterschlupf aus Palmenblättern bauen, wozu der Soundtrack aus der 80er-Jahre-*Bacardi*-Werbung läuft.

Was spricht also dagegen, uns heute und immer wieder für unseren Partner, unsere Beziehung und unsere Familie zu entscheiden? Was spricht dagegen, augenblicklich wieder den einzigartigen, anbetungswürdigen und formvollendeten Menschen in unserem Partner zu sehen, in den wir uns ursprünglich verliebt haben – und das Allerbeste aus unserem gemeinsamen Leben herauszuholen?

Bevor es zu spät ist!

Meine Schwester hatte zum Beispiel eine Freundin, die über ihren Mann gesagt hat: »Wenn Thomas noch einmal den kleinen Finger beim Weintrinken abspreizt, trenne ich mich.« Tja, Thomas hat noch einmal den kleinen Finger beim Weintrinken abgespreizt.

Danach war Ende Allende. Die Laken wurden zerschnitten, der Möbelwagen gerufen, das Haus geräumt, und zurück blieben verwunderte Leute, die nicht wussten, wie es so weit hatte kommen können.

Um niemals an diesen ausweglosen Punkt zu gelangen, an dem ich nicht mehr ertrage, wie Marcus den kleinen Finger beim Weintrinken vom Glas abspreizt, habe ich es mir zum Ziel gesetzt, ihm nicht in jeder fraglichen Situation spontan und ungeprüft die Schuld an Nebensächlichkeiten zu geben, die nicht so gelaufen sind, wie ich es mir vorgestellt habe, sondern mich von ganzem Herzen an die ultimative eine Wahrheit zu erinnern: »Ich liebe Marcus.«

Die Räder an der Wiege verkeilen sich wieder: »Ich liebe Marcus!«

Ich finde den ausgespuckten Schnuller nicht: »Ich liebe meinen Mann!«

Das Rollo lässt sich nicht mehr runterziehen: »Ich liebe Marcus!«

Ich stoße mich beim Rausgehen am Türrahmen: »Ich liebe meinen supersexy Ehemann!«

Es ist erstaunlich, wie berauscht ich nach zehn Minuten wieder bei Marcus in der Küche ankomme und in ihm meinen ganz persönlichen, für mich geschaffenen Mann sehe. Das nimmt ihm gleich den Wind aus den Segeln. Denn welcher kaltherzige Mensch würde schon einem ewig Verliebten, einem die volle Verantwortung für seine eigene Stimmung übernehmenden Partner, einem durch und durch unschuldigen Menschen die Schuld daran geben, dass Nelson und Emmi in der Zwischenzeit mit Marmeladenfingern auf der Computertastatur herumgedrückt haben? Vielleicht der Hollywood-Film-Superhirn-Partner. Marcus jedenfalls nicht.

WIR ZIEHEN AUFS LAND

Marcus erzählt davon,
wie man in zwei verschiedenen
Lebensträumen das Gemeinsame entdeckt.

Nur weil zwei Menschen beschließen, ihr Leben miteinander zu verbringen, heißt das noch nicht, dass sie deshalb dieselben Träume haben. Ich bin zum Beispiel auf einem Bauernhof aufgewachsen. Wir hatten Hühner, Schafe und Schweine, Katzen und einen Hund sowieso. Wir hatten einen Garten, in dem dutzende Obstbäume standen, Beete, in denen jede Art von Gemüse wuchs, wir hatten Wiesen, auf denen wir im Sommer Heu machten, eine Werkstatt, in der wir einen Taubenschlag aus Holz bauten. Wir hatten alles, was sich ein Kind nur wünschen konnte, und seit ich ein Erwachsener war, wollte ich all das wiederhaben. Auf dem Land zu leben, das war mein absolut größter Traum.

Aber davon träumen viele Menschen und wie die meisten von ihnen lebte ich stattdessen in der Stadt. Ich ging ins Büro und nicht aufs Feld. Ich zwängte mich in überfüllte U-Bahnen, holte mein Chicken Curry im Asia-Imbiss und hatte in meinem Handy mehr Leute stehen, als in einem Dorf überhaupt wohnen. Wenn ich ins Grüne wollte, setzte ich mich auf eine abgelatschte Wiese in den Park. Ich war ein Stadtmensch und in Wahrheit hatte ich nicht vor, das zu ändern. Bis ich Alexa und ihre Kinder traf. Bis ich eine Familie hatte.

Auf einmal bekam mein Traum, aufs Land zu ziehen, eine Dringlichkeit, die mich selbst überraschte. Ich konnte es gar nicht erwarten, mit Alexa, Lilly und Rasmus in meiner

Kindheit zu wohnen. Angeknipst durch ein Codewort, das ich selbst bis dahin nicht kannte, startete in mir plötzlich ein Programm, das die ganze Zeit in meinem Unterbewusstsein gelauert hatte. Was das Land betraf, war ich offenbar ein Schläfer. Mein Codewort hieß »Familie«.

Das Problem war nur, dass diese Familie logischerweise ebenfalls aus lauter Stadtmenschen bestand. Wie ich brauchte auch Alexa die Bewegungen und Menschen der Stadt für ihre Arbeit, das Schreiben. Rasmus und Lilly nutzten den Berliner Nahverkehr selbstverständlicher als jeder Pendler. War ihnen langweilig, gingen sie Skateboarden oder ins Einkaufszentrum. Sie liebten unsere Wohnung, die an einem der lautesten Plätze der Stadt lag, umgeben von Läden, die rund um die Uhr offen hatten. Egal zu welcher Uhrzeit wir hier auf die Straße traten, wir waren nie allein. Natürlich hatten die Kinder schon Kaninchen und Hamster gehabt, aber die hielten es auch in einem Käfig in der Wohnung aus, dafür mussten wir nicht in die Uckermark ziehen. Abgesehen davon hatten wir all unsere Freunde in der Stadt, die Väter der Kinder lebten um die Ecke. Wie sollte dieses Leben je in meinen Traum passen?

Wenn wir an den Wochenenden ins Umland fuhren, Paddeln oder Reiten gingen, wenn Rasmus in Brandenburg Ziegen umarmte oder Lilly unsere Zelte an der Ostsee aufbaute, wenn wir nach einem traumhaften Sommerabend am See im Abendlicht in die Stadt zurückfuhren, wenn ich also sah, wie glücklich wir draußen waren, hatte ich kurz das Gefühl, das könnte klappen mit uns und dem Land. Aber erst, als Alexa und ich immer mehr Kinder bekamen, schien die Stadt für uns immer weniger der richtige Ort zu sein.

Gehörte nicht fast alles, was hier auf der Straße lag, in den Sondermüll? Was waren das für Leute, die einem den Kinderwagen aus dem Haus klauten? War in dem besetzten Haus hinter uns eigentlich jede Nacht Party? Hatte in unserem Treppenaufgang tatsächlich gerade jemand Drogen konsumiert? Lebten in Stadtteilbauernhöfen denn ausschließlich traurige Tiere? Sollten die zähen Nachmittage auf dem überfüllten Spielplatz ab jetzt unser Leben sein? Ich konnte mein Glück kaum fassen, als Alexa irgendwann sagte: »Ich will hier weg.«

»Ich auch«, sagte ich.

»Ich will, dass die Kinder mit Hölzchen und Stöckchen spielen können.«

»Ich auch!«

Von dem Moment an klebte mir das Handy an der Hand – im Büro, beim Einkaufen und sogar beim Kinder-ins-Bett-Bringen. Manisch durchkämmte ich das Internet auf der Suche nach einem alten Bauernhaus, umgeben von Bäumen und Feldern. Ich kam gar nicht auf die Idee, etwas zu suchen, das nicht baufällig war. Da wir jetzt entschieden hatten, aufs Land zu ziehen, war es nur logisch, dass Alexa, unsere Kinder und ich jede Menge selbst machten. Darauf kam es doch an. Ich sah uns Dächer neu eindecken, Putz abschlagen, Backsteine schleppen. Ich sah uns einen Gemüsegarten anlegen, Bäume pflanzen, einen Brunnen bohren. Mir war, als hätte ich all die Jahre in der Stadt nur darauf gewartet, endlich mit den Händen arbeiten zu können, als dürfe ich nun endlich nach Hause zurückkehren und hätte schon viel zu viel Zeit verloren.

Die ersten drei Bauernhöfe, die ich Alexa zeigte, waren ausgesprochene Bruchbuden. Es gab darin kein Zimmer, in dem wir hätten wohnen können, auch nicht übergangsweise. Dafür waren sie entsprechend günstig.

»Wer soll das denn renovieren?«, fragte sie.

»Na wir!«, sagte ich.

»Wir haben so viele Kinder, wir arbeiten beide – wie soll das gehen? Wovon sollen wir das bezahlen?«

»Hast du nicht gesagt, du willst aus der Stadt wegziehen?«

»Ja, aber doch nicht so.«

Komischerweise stellte sich erst hier heraus, dass Alexa von einem anderen Land ausgegangen war. Ich wollte etwas aufbauen, sie in etwas einziehen. Für mich bedeutete Land automatisch der Bauernhof meiner Kindheit, mit Scheune, Stall, Koppeln, Feldern und Tieren. Alexa dagegen dachte offenbar an das Reihenhaus mit kleinem Garten, in dem sie aufgewachsen war. Das war für sie Land? Ein Häuschen im Grünen? In einer Siedlung am Stadtrand? Ich bekam Beklemmungen, wenn ich nur daran dachte.

Wie immer, wenn ein grundsätzlicher Konflikt zwischen Alexa und mir aufzog, bildete sich in meinem Kopf ein Gedankenorkan, der immer größere Kreise zog, während er sich gleichzeitig nicht mehr von der Stelle bewegte – was meine persönliche Beschreibung für Panik ist. Eben noch hatte ich an unserem gemeinsamen Weg in die Zukunft gearbeitet, da schien er sich auf einmal in zwei Richtungen zu gabeln. Was nun? Was macht man, wenn der Traum des einen der Alptraum des anderen ist? Das Glück des einen das Unglück des anderen? Wie einigt man sich, ohne dass einer gewinnt und der andere verliert? Ist das überhaupt möglich?

»Willst du einen Rat?«, fragte einer meiner besten Freunde. Er ist ein Chef und glaubt, dass man sich am Ende immer durchsetzen muss, die anderen werden sich schon damit abfinden. »Handgranate hineinwerfen und warten, bis sich der Rauch verzogen hat.«

Aber so wollte ich es nicht haben.

Meine Träume sollten keine Handgranaten sein, die alles in ihrem Umfeld zerstörten. Aber auch keine Luftballons, die beim kleinsten Druck platzten. Immer gab es nur Entweder-oder. Vielleicht war mir deshalb so unklar, wie man unterschiedliche Vorstellungen miteinander in Einklang bringen sollte, weil ich es bei meinen Eltern so selten beobachtet hatte. Als Kind hält man ja alles, was sie nicht gekonnt haben, für unmöglich.

Tagelang lief ich wie dumm herum. Ich hätte mit Alexa reden können. Aber ich hatte Angst, was von meinem Traum übrig blieb. Dabei war ich mir sicher, dass jeder von uns den anderen glücklich sehen wollte. Ich sah nur nicht, dass in diesem Wunsch kein Widerspruch, sondern der Weg zur Einigung lag. Stattdessen kam ich auf die Idee, die typisch für mich war, wenn wir im Kleinen nicht zueinander fanden – ich machte alles nur noch größer.

Als wir das nächste Mal über einen Umzug aufs Land sprachen, zeigte ich Alexa eine Liste leerstehender Herrenhäuser. Man glaubt ja nicht, wie viele großartig verfallene Herrenhäuser es in Ostdeutschland gibt, mit dutzenden Zimmern, modrigen Nebengebäuden und zugewuchertem Park. Mein Plan war es nun, ein Landhotel zu eröffnen, wie es Städter lieben, mit Ställen und Tieren, Leinenbettwäsche, selbstgebackenem Kuchen und Produkten aus eigenem Anbau. Ein solches Herrenhaus war zwar nicht ganz so günstig wie ein Bauernhof, dafür konnte ich noch viel mehr selbst machen. Die Sache könnte sich sozusagen aus sich selbst heraus tragen. Unser eigenes kleines Schloss.

Als ich Alexa davon erzählte, dachte ich, sie fängt gleich an zu weinen.

»Ich will doch nur aufs Land ziehen«, sagte sie.

»Aber das organisiere ich doch die ganze Zeit«, sagte ich.

»Siehst du denn nicht, dass uns das total überfordert?«

Offenbar nicht.

Natürlich wusste ich, dass Alexa ihren Beruf als Schriftstellerin liebte. Nie hätte ich verlangt, dass sie, statt Bücher zu schreiben, in unserem Landhotel die Betten macht, kocht oder putzt. Deshalb hatte ich ja vor, ihr den Rücken frei zu halten und das Herrenhaus nachmittags zu renovieren, wenn ich mit der Arbeit fertig war und die Kinder aus der Schule und dem Kindergarten kamen. Andererseits erinnerte ich auch, wie lange ich gebraucht hatte, um nur einen neuen Schuhschrank für unsere Wohnung zu entwerfen und zu bauen, und wie viele Wutanfälle ich dabei bekommen hatte, weil ich mich bei den Einzelteilen vermessen hatte. Wenn das mit dem Herrenhaus ähnlich lief, würden wir noch sehr lange nicht darin wohnen können. Dann hatte ich uns nebenher noch eine Lebensaufgabe organisiert, die wir sonst gar nicht gehabt hätten. Aber mussten wir wirklich ein vollkommen neues Leben anfangen, nur weil wir uns im alten nicht einigen konnten?

»Ist denn so ein Herrenhaus wirklich dein Traum?«, fragte Alexa.

»Eigentlich wollte ich es nur schön haben für uns auf dem Land.«

»Ich doch auch.«

»Dann sind wir ja schon mal einen Schritt weiter.«

Ein Jahr darauf zogen wir dann tatsächlich aufs Land. Wir fanden ein Haus im Wald, umgeben von einem verwilderten Garten. Kein Bauernhof, kein Herrenhaus, ein Neubau, viereckig wie ein Schuhkarton. Das Gegenteil von dem, was ich für mein Glück zu brauchen schien. Alles war fertig, nichts war zu renovieren. Wir mussten nur den Mietvertrag unterschreiben.

Bereits am nächsten Tag bestellte ich im Onlinehandel einer Wurmfarm tausend Regenwürmer für unseren zukünftigen Komposthaufen. Ich wollte im Frühjahr keine Zeit mit den Beeten verlieren. Ich wälzte Selbstversorgerbücher, plante den Bau eines Hühnerhauses und stellte den Kindern den Kauf eines Hundes, zweier Ponys in Aussicht. Ich war erstaunt, was man alles machen konnte, ohne dass es dazu ein Bauernhaus brauchte. Und Alexa war das auch.

JETZT RETTE ICH DIE WELT

Alexa erzählt davon,
dass von einem umgekippten Saftglas nicht die Welt untergeht.

Als Kinder lernen wir von den Erwachsenen, dass bestimmte Dinge »nicht in Ordnung« sind und dass diese Dinge selbstverständlich ziemlich nerven: Wenn Vierjährige wütend mit Bauklötzen werfen. Wenn Widerworte gegeben werden. Der Autoschlüssel unauffindbar ist. Das Portemonnaie verloren geht. Schlechtes Wetter. Planänderungen. Miese Organisation. Angebranntes Essen. Computerabsturz. Unfähige Kollegen.

Gucken wir als Erwachsene heute unseren Alltag an, stellen wir fest, dass er so ziemlich ausschließlich aus genau diesen Dingen besteht, von denen wir gelernt haben, dass sie nicht »in Ordnung« sind. Ohne uns dessen wirklich bewusst zu sein, reagieren wir zumeist so darauf, als stünde unser ganz persönlicher Weltuntergang kurz bevor.

Ohne einmal konkret zu überprüfen: »Geht wirklich die Welt davon unter?«

Nehmen wir das berühmte Saftglas. Es ist ein absoluter Klassiker, dass es, wenn es in der Nähe eines Kindes steht, vom selbigen umgestoßen wird. Und es ist ein Klassiker, dass wir die Arme hochreißen und »Oh nein!« rufen. Oder: »Das hat mir gerade noch gefehlt!« So, wie wir es uns als Kinder von *den* Erwachsenen abgeguckt haben. So, wie die es sich wiederum von der vorherigen Erwachsenengeneration abgeguckt haben. Und so weiter. Dabei ist bisher noch nie die Welt von einem umgekippten Saftglas untergegangen. Trotzdem! Seit Generationen ist das umgekippte Saftglas einen Aufreger wert, so, als sei es jeden Tag aufs Neue das allererste Mal. Als seien wir auf der Erde die einzigen Opfer, denen *diese schlimme Sache* passiert. Dass ausgerechnet jetzt *dieses Glas* mit *diesem Saft* umkippt! Das ist allerhand! Und ist erst einmal das Saftglas umgekippt, stressen wir herum, rennen in die Küche, stolpern über einen Hocker, stoßen uns den kleinen Zeh, der Milchreis brennt an, das Kind rennt in den Socken – weil es helfen will – durch die Saftlache und verteilt das klebrige Zeug im *ganzen Haus*. Und all das passiert ausgerechnet dem Menschen, der sowieso schon auf dem Zahnfleisch geht. Demjenigen, der heute schon zwanzig Mal die Welt vor dem sicheren Untergang gerettet hat! Und die schlimme Geschichte geht in unserer Vorstellung immer weiter: »Ausgerechnet ich stoße mir den Zeh, dabei hatte ich erst letzten Monat diesen blauen Fleck am Oberschenkel, und warum steht dieser Hocker hier im Weg herum? Weil ich von Idioten umzingelt bin, die nicht bis drei zählen können und mir Hocker in den Weg stellen, weil es ihnen egal ist, wenn ich darüber falle und es nicht schaffe, gerade noch mal die Welt zu retten.«

Die wichtige Nachricht ist: Es ist total egal, ob ein Glas Saft umkippt, ob wir den Autoschlüssel nicht sofort finden, unser Sohnemann mit seinen Schnecken ein Wettkriechen über die Sofapolster veranstaltet oder wir den Brief vom Finanzamt nicht augenblicklich öffnen können, weil gerade der Milchreis anbrennt. Dieser alltägliche Irrsinn ist seit Menschengedenken schon so vielen passiert. Und alle haben es überlebt. So ist das. Unsere Aufregung darüber wird die Situation nicht zum Besseren verändern. Im Gegenteil. Sie wird sie immer unangenehmer machen. Allerdings würde sich unser innerer Stress radikal minimieren, wenn wir der Saftlache, die nun schon mal da ist, freundschaftlich begegnen: »Hallo Saftlache.« Wenn wir der Saftlache einen Moment erlauben, auf unserem Boden zu verweilen, bevor wir sie mit voller Aufmerksamkeit aufwischen und dabei sagen: »Auf Wiedersehen, Saftlache. Nett, dass du mal vorbeigeschaut hast.«

Das Gleiche können wir zur verstopften Toilette sagen, zu den nassen Handtüchern auf dem Badezimmerboden, zum zu heiß gewaschenen Pulli, zu den Staubmäusen in der Zimmerecke und den Schnecken auf unserem Sofapolster. »Herzlich willkommen, wo ihr schon mal da seid!«

Denn eigentlich tun sie uns nichts. Nicht einmal die bemalte Zimmerwand tut uns etwas. Obwohl die Stimmen unserer Urahnen in unserem Kopf womöglich sagen: »Das dürfen eure Kinder aber nicht tun. Die schöne Wand.« Tja, aber die bunte Wand ist eben auch nicht unser Todesurteil. Wenn wir Zeit haben, streichen wir sie über. Das geht auch ohne schlechte Laune. Das, was uns tagtäglich passiert, passiert allen anderen auch. Daran ist nichts Besonderes.

Es wird also kein Kamerateam von den Abendnachrichten kommen, um über uns und unsere Leistung im Privaten eine Dokumentation zu drehen. Und es wird auch niemand kommen, der uns eine Medaille anheftet, weil *wir* unser Leben so tapfer ertragen. Wir sind es, die uns sagen können: »Erstaunlich, was so alles passiert!« Es ist unser atemberaubend abwechslungsreiches Leben. Von all den Dingen, die angeblich »nicht in Ordnung« sind, geht die Welt nicht unter. Im Gegenteil, sie wird lebendig. Ein umgekipptes Saftglas ist ein umgekipptes Saftglas und eine bemalte Wand eine bemalte Wand – das ist Rock 'n' Roll.

Das heißt nicht, dass wir unsere Kinder fröhlich weiter die Wände bemalen und Schnecken über unser Sofapolster kriechen lassen. Wir sagen unseren Kindern, dass wir es nicht wollen, nur eben ohne Weltuntergangs-Panik in den Augen, die die Macht hat, unsere Kinder in Angst und Schrecken zu versetzen, obwohl eigentlich nur die Schnecken wieder ins Glas zurück müssen.

MEIN VATER, MEIN SOHN UND ICH

Marcus erzählt davon,
dass es auch ein Master of the Universe
manchmal nicht besser kann.

In unserer Familie kümmere ich mich um den Papierkram. Kommt ein Brief von der Bank, dem Stromanbieter oder der Versicherung, kann ich es kaum erwarten, ihn aufzumachen. Ich telefoniere auch gern mit Behörden. Warteschleifen zählen für mich nicht unter Zeitverschwendung. Ist ein Handyvertrag zu kündigen, was bei ebay zu verkaufen oder funktioniert Spotify nicht, kommen Rasmus und Lilly immer zu mir. Ich bin im Besitz aller Passwörter und verwalte sämtliche Unterlagen. Als wir Holly, unser fünftes Kind, bekamen, war es nur logisch, dass ich mich um den Elterngeldantrag kümmere. Das hatte ich bei den anderen Kindern auch gemacht.

Seltsamerweise war der Antrag diesmal irgendwie komplizierter. Vielleicht lag es daran, dass Alexa und ich nun beide Freiberufler waren, vielleicht hatte sich etwas am Gesetz geändert, ich weiß es nicht. Jedenfalls bekam ich von der Elterngeldstelle eine unfassbar lange Liste von Dokumenten, die wir vorweisen mussten. Es dauerte Wochen, bis ich sie zusammenhatte. Als ich sie endlich alle vereint auf einem Stapel liegen hatte, war das fast magisch. Stolz, ohne stolz wirken zu wollen, legte ich Alexa den Antrag auf den Küchentisch. Sie musste nur noch unterschreiben.

»Wieso hast du denn das hier angekreuzt, mein Herz?«, fragte sie vorsichtig.

»Was denn?«

»Ich meine das hier.«

Wie gesagt, der Antrag war ziemlich kompliziert, und obwohl ich im Prozess des Ausfüllens immer wieder das Gefühl hatte, die Sache jetzt vollkommen verstanden zu haben, verlor sich dieses Gefühl sofort, als Alexa nachfragte. Ich war mir zwar sicher, dass ich alles richtig gemacht hatte, ich konnte ihr nur nicht mehr erklären wieso. Aber genau darum sollte Alexa das Ding ja auch einfach nur unterschreiben.

»Das da? Ach, das ist egal.«

»Wieso ist das egal?«

»Weil ich schon Wochen damit verbracht habe, das alles zu prüfen.«

»Ich finde es ja auch ganz toll, dass du dich um den Antrag gekümmert hast, mein Herz, wirklich. Ich frage doch nur, warum das hier angekreuzt ist.«

»Kannst du jetzt bitte einfach unterschreiben?«

»Aber ...«

Doch da bekam ich dann leider schon einen meiner kleinen Wutanfälle, die für Alexa immer einigermaßen überraschend kommen. Obwohl es nur um eine Kleinigkeit geht, glühe ich plötzlich wie ein Brennstab in Tschernobyl. Ich kann es selbst nicht erklären. Ich merke nur, dass mir das immer dann passiert, wenn ich gerade noch im Gefühl schwebend, alles richtig gemacht zu haben, plötzlich kritisiert werde. Ich denke dann, ich habe alles so gut vorbereitet, ich habe diesen ganzen Perfektionismus betrieben, damit ich nicht in die Situation komme, dass mir ein Fehler nachgewiesen werden kann. Aber das genau passiert jetzt. Mir wird ein Fehler nachgewiesen. Ich kämpfe wie um mein Leben, dass es keiner war, aber ich ahne schon, dass etwas an mir kleben bleibt wie eine Schuld, die ich nicht mehr abwaschen kann, und das macht mich so furchtbar wütend. Ich weiß, das klingt leicht übertrieben, aber ich sehe und höre dann auch nicht Alexa, die mit mir redet, sondern meine Mutter, die mit meinem Vater spricht.

Mein Vater war in der DDR Leiter einer LPG, auf der ich ihn oft besuchte. Er hatte einen Dienstwagen, eine Sekretärin und hundert Mitarbeiter, die auf ihn hörten. Obwohl es eine riesige Anlage für zehntausend Milchkühe war, ließ er drei Pferde halten, damit er am Wochenende mit mir und meinem Bruder über die Felder ausreiten konnte, als sei er Großgrundbesitzer und seien wir seine Erben. Ich liebte meinen Vater. Er war für mich, was jeder Vater für einen Sohn ist – *Master of the Universe*. Doch wenn er nach Hause kam, dann schien nichts von dem, was er tat, gut genug für meine Mutter zu sein.

Wir bauten damals den Bauernhof ihrer Eltern zu einem Wohnhaus um und es passierte immer wieder, dass mein Vater zwar die Maurer bestellt hatte, aber den Zement vergessen. Dass er Maße nahm, die zu kurz waren, Sachen anschraubte, die dann schief waren. Einmal bauten er und ich eine Garage. Es war wirklich eine schwere Arbeit und bis auf die Kleinigkeit, dass an einer Ecke das Dach ein bisschen knapp saß, fand mein Vater unser Werk gelungen. Aber in unserer Familie war nicht er es, der das zu entscheiden hatte, sondern meine Mutter. Wie immer, wenn er etwas gemacht hatte, kam am Ende sie, um es sich anzusehen. »Abnahme« nannte das mein Vater, und obwohl sie es hasste, wenn er »Achtung Abnahme!« rief, tat sie genau das. Sie nahm ab. Natürlich sah sie sofort, dass das Dach zu knapp war. Und wie immer reagierte sie darauf so, als sei wegen eines Fehlers der ganze Rest nichts wert. Und wenn wir die komplette Garage abgerissen hätten, es war einfach nicht mehr gutzumachen. So fühlte es sich für mich als Kind zumindest an.

Einmal sollte mein Vater unsere Zimmerpalme verschneiden. Ihre Blätter waren gelb geworden und irgendwie musste sie wieder auf die Beine kommen. Als meine Mutter zur Abnahme kam, stieß sie diesen Schrei des Entsetzens aus, den ich schon kannte. Mein Vater hatte die Palme wie eine Hecke geschnitten – einmal quer rüber. Noch Jahre später brachte sie Blätter hervor, denen die Spitzen fehlten, als sei sie ein lebendes Mahnmal der Unfähigkeit meines Vaters. »Und so jemand wie du hat Landwirtschaft studiert«, sagte meine Mutter. Er sagte nichts.

Wenn ich damals auf die Ehe meiner Eltern sah, sah ich meinen Vater als einen Mann, der nicht sein durfte, wie er war, weil meine Mutter ihn nicht ließ. Er reagierte darauf zuerst mit Ausweichen, später mit Rückzug. Er überließ meiner Mutter immer mehr Raum, bis er schließlich in unserem Keller saß und hinter der schweren Brandschutztür rauchte, wenn ich hinunterkam und ihn zum Essen rief. Es tat mir, dem kleinen Jungen, leid, meinen Vater so zu sehen, und lange gab ich meiner Mutter die Schuld daran.

Jahre später fragte sie mich einmal, ob ich denke, dass sie meinen Vater in den Keller vertrieben hat. Es war eine offene Frage, es schien sie zu beschäftigen. Aber ich habe ihr nicht offen geantwortet. Ich habe nur nein gesagt, weil ich sie nicht verletzen wollte. Heute, wo ich selbst verheiratet bin, würde ich nein sagen, weil es meine Überzeugung ist.

Am Ende trägt in einer Ehe jeder selbst Verantwortung für seine Entfaltung. Er kann dem anderen nicht abtreten, was ihn ganz allein betrifft, und der andere kann nicht auf Dauer ausgleichen, was der eine nicht hinbekommt. Am Ende müssen immer zwei ganze Menschen miteinander leben und nicht zwei halbe. Ich wünschte, ich hätte meine Mutter nicht so lange dafür angegriffen, dass mein Vater seinen Teil ihrer gemeinsamen Verabredung nicht eingehalten hat. Ich habe ihr Unrecht getan. Es tut mir leid.

Vor ein paar Wochen haben mein Sohn Nelson und ich im Garten gearbeitet. Er ist jetzt vier Jahre alt und mir in vielem sehr ähnlich, aber ich denke, dass er die meisten Sachen eher abgeschaut als geerbt hat. Manchmal erkenne ich Angewohnheiten von mir überhaupt erst, weil er sie nachahmt. An dem Tag hatten wir ursprünglich nur vor, aus unserem Flieder ein paar trockene Äste herauszunehmen, aber dann konnten wir nicht mehr aufhören. Wir sägten und sägten, bis plötzlich sehr viel Licht im blühenden Busch war. Ich war selbst etwas erschrocken. Dann kam Alexa. Ihr ging es offenbar genauso.

»Was habt ihr denn mit dem Flieder gemacht?«, fragte sie.

»Bisschen ausgelichtet.«

»Wieso denn? Ich fand den grad so schön.«

Leider muss ich zugeben, dass ich mich zu dem Zeitpunkt schon angegriffen gefühlt habe. Ich sah meinen Vater vor seiner zerschnittenen Palme stehen und sofort spürte ich den Impuls zu großem Ärger. Aber ich gab ihm nicht nach. Ich war nicht der Rächer meines Vaters. Ich war kein kleiner Junge mehr. Ich war ein Mann. Der kleine Junge war heute mein Sohn. Er stand direkt neben mir und beobachtete mich. Ich wollte ihm jetzt der Vater sein, den ich damals gebraucht hätte, der ihm zeigt, dass er für sich eintreten kann, ohne Angst, aber auch ohne Wut. Einfach klar und gelassen.

Ich gab Alexa einen Kuss und sagte: »Es ist einfach mit uns durchgegangen.«

Als Mann und *Master of the Universe.*

ICH BIN NICHT WÜTEND

Alexa erzählt davon,
dass niemand ein Opfer sein muss.

Genau wie meine Mutter wollte ich nie wütend werden und immer Verständnis für alle Menschen haben. Ich liebe meine Mutter so sehr dafür, dass ihr während meiner gesamten Kindheit nur zweimal die Hutschnur ging. Einmal als sie in meinem Ranzen eine Mathearbeit gefunden hat, die ich ihr längst gezeigt hatte. Sie dachte allerdings, ich hätte schon wieder eine Fünf geschrieben. Das andere Mal war meine Schwester schuld. Sie hatte »Blöde Kuh« zu ihr gesagt. Eine Beschimpfung, die unsere Mutter normalerweise kalt ließ, komischerweise aber nicht an diesem Tag. Sie war gerade dabei, im Wohnzimmer staubzusaugen. Anstatt wie sonst mit verständnisvoller Stimme zu fragen: »Bist du mit dir nicht im Reinen, mein Kind?«, hob sie plötzlich den Staubsauger hoch und schleuderte ihn wie *Hulk* gegen den Wohnzimmerschrank.

Ansonsten blieb meine Mutter immer ruhig. Sie war die absolute Pazifistin. Eine Frau, die darauf hoffte, dass alle Menschen von selbst merkten, wenn sie Grenzen überschritten. Ich fand das fantastisch. Damit war sie so ziemlich die einzige mir bekannte Person, die nie wütend oder ärgerlich wurde.

Wie Jesus. Immer bereit, auch noch die andere Wange hinzuhalten. Darum dachte ich in der Kindheit auch, meine Mutter sei mindestens so mächtig wie Gott. Total erleuchtet. Nichts schien ihr etwas anhaben zu können. Nicht mal mein – damals noch – patriarchalisch angehauchter Vater, dem sie immer mehr Raum für seine ganz persönlichen Stimmungsschwankungen und ichbezogene Lebensgestaltung überließ. Ich dachte: »Nur, wer sich als Frau so im Griff hat, wird nicht verlassen!« Sie war mein absolutes Vorbild in Sachen Vergebung und Verständnis.

Meine Schwester fand das Verhalten meiner Mutter nicht ganz so unproblematisch. Sie sagte: »Niemals werde ich mich von einem Mann so unterjochen lassen!« Außerdem brauchte meine Schwester hin und wieder einen *Buddy*, der sie »raushaute«. In der achten Klasse war sie beispielsweise der Meinung, sie könne jetzt schon besser unterrichten als ihre *bekloppten* Lehrer. Was ihre Lehrer nicht so witzig fanden und meine Schwester nachsitzen ließen. Was meine Schwester wiederum nicht so witzig fand. Empört rief sie meine Mutter dazu auf, unverzüglich in die Schule zu rennen, um den überheblichen Lehrern mal ordentlich den Marsch zu blasen und ihr Kind zu rächen. Was meine Mutter nicht tat.

Sie wollte eben nicht nur meinen Vater nicht in seine natürlichen Schranken weisen, sondern hatte auch Verständnis für die Lehrer meiner Schwester. »Sie werden schon ihre Gründe haben«, sagte sie. Und meine Schwester kriegte die Krise. »Was soll noch passieren, damit du deine Kinder verteidigst?!« Aber meine Mutter sagte nur: »Ich bin nicht dazu da, die anderen zu erziehen.« Vermutlich meinte sie aber: »Ich möchte lieber niemanden verärgern.«

Ab diesem Tag war meine Schwester vierundzwanzig Stunden am Tag im Kampfmodus. In jeder Hand einen imaginären Knüppel, über der Schulter einen Flitzebogen. Allzeit bereit, das zu tun, wovor meine Mutter zurückschreckte: für Gerechtigkeit und Vergeltung zu sorgen. Wenn mir jemand auf dem Pausenhof komisch kam, hatte er sofort eine sitzen. Meine

Schwester fand, dass es genau *jetzt* an der Zeit war, der Welt zu zeigen, wo die Grenzen waren. Und zwar unmissverständlich und ohne Gnade! Um niemals zum Opfer zu werden!

Ich fand es bemerkenswert, wie wenig Hemmungen sie hatte, mit anderen Konflikte auszutragen. Für mich gab es nichts Peinlicheres. Mir hat meine Schwester Feigheit vorgeworfen. Sie hat gesagt: »Du traust dich ja nur nicht, den Leuten mal gehörig die Leviten zu lesen.« Nun ja. Zumindest nicht auf diese eindrückliche Art und Weise, die mein Vater zu gegebenem Anlass auch gerne mal praktizierte. Aber wie dann?

Und genau dieses Unvermögen, mich und meine Bedürfnisse angemessen zu vertreten, wurde mir immer öfter zum Verhängnis: zum Beispiel als ich mit siebzehn meinen ersten Freund hatte. An einem herrlichen Sommertag veranstaltete meine beste Freundin Silke im Schrebergarten ihrer Eltern eine Party. Da wollte mein Freund hin. Zu meiner Verwunderung meinte er: »Aber ohne dich. Damit ich mich freier bewegen kann.« Für sein leibliches Wohl hatte er sich vorsorglich ein paar Kartoffeln in Alufolie eingewickelt. Damit sprang er auf sein Rad und fuhr davon, während ich in der wunderschönen Abenddämmerung vor seinem Haus sprachlos zurückblieb. Die Amseln zwitscherten in den umstehenden Bäumen, der Himmel war wolkenlos blau und ich hatte es nicht hingekriegt, ihn im entscheidenden Moment darauf hinzuweisen, dass er mir schlecht verbieten konnte, auf die Gartenparty meiner besten Freundin zu gehen.

Heulend machte ich mich in meinen neuen Cowboystiefeln auf den Weg. Ich wollte nicht dazu verdammt sein, als einziges Mädchen weltweit den Samstagabend bei meinen Eltern auf dem Sofa zu verbringen. Leider lag die Schrebergartenkolonie ziemlich ab vom Schuss. Außerdem kam ich nur langsam vorwärts, da meine Fersen in meinen neuen Stiefeln bereits Blasen warfen. Als ich dann in die Schrebergartenkolonie einbog, lag ein Labyrinth aus etwa dreitausend Parzellen vor mir. Ich heulte und schniefte vor mich hin, gleichzeitig beschwor ich mich, meinem neuen Freund bloß keine »Szene« zu machen. »Immer schön entspannt bleiben!« Um nicht anstrengend oder kompliziert zu wirken. Gegen Mitternacht hatte ich die Party immer noch nicht gefunden, weswegen mich mein Vater schließlich mit dem Auto abholte und nach Hause fuhr, wo meine Mutter mir meine wundgelaufenen Füße einbalsamierte. Ihre Einschätzung war: »Der Junge ist noch grün hinter den Ohren!« Die Unreife meines Freundes sollte mich trösten und mich weiser fühlen lassen – brachte mir aber auch nicht die Lösung, die verhinderte, dass mein Schicksal von anderen Menschen beschlossen wurde.

Es sah so aus, als müsste ich lernen, tapfer zu sein. Lernen, mit Schmerz umzugehen. Aber niemand kann lernen, mit Schmerz umzugehen. Es sei denn, er spaltet sich komplett von seinen Gefühlen ab und beschließt, alle anderen für unzulänglich zu erklären. Und auch dann wird es nicht klappen. Der Schmerz sammelt sich immer mehr und mehr an. Und irgendwann hat jede noch so winzige Begebenheit die Kraft, einen komplett aus der Bahn zu werfen.

Bei mir passierte das, als ich mit unserer kleinen Holly schwanger war. Marcus und ich hatten gerade Emmi und Nelson vom Kindergarten abgeholt. Es war ein herrlicher Sommertag. Die Vögel zwitscherten in den Bäumen. Der Himmel spannte sich blau und wolkenlos über uns. Ich trug die Einkäufe ins Haus und war drauf und dran, für alle eine Lasagne zu machen. Was Marcus wusste. Weswegen er zu mir sagte: »Ich gehe mit den Kindern noch zu den Ponys.« Was ich hörte, war allerdings: »Du darfst nicht mit zu den Ponys kommen! Damit ich mich freier bewegen kann.«

Ich drehte mich zu ihm um und starrte ihn an. In meinem Kopf rauschte es gewaltig. Ich machte den Mund auf und zu, konnte aber nichts sagen. Mein Herz schlug. Ich fühlte mich mindestens so grausig und opfermäßig wie damals, als ich nicht mit auf Silkes Schrebergartenparty »durfte«. Und keine Möglichkeit sah, zu verhindern, dass über mich bestimmt wurde. Schnell wankte ich mit dickem Bauch ins Haus, um nichts Unüberlegtes zu sagen oder zu tun. Schließlich hatte ich es mir seit meiner frühesten Kindheit antrainiert, niemals wütend zu werden, niemals »anstrengend« zu sein, niemals die Nerven zu verlieren – zumindest nicht äußerlich. Denn ich hielt es für besonders liebenswert, niemanden in die Verlegenheit zu bringen, sich mit meinen »unausgegorenen« Befindlichkeiten auseinanderzusetzen. Schon gar nicht wollte ich irgendwie abhängig rüberkommen.

Nun ist aber Marcus so ein Typ Mann, der leider augenblicklich spürt, wenn »was los ist«. Er kam also hinterher und meinte: »Hab ich etwas falsch gemacht?«

Ich konnte aber nur stumm gucken, weil ich vor lauter Opfertum gerade ziemlich dumm im Kopf war. Was Marcus erheblich nervös machte, weil er dachte, ihm sei ein nicht wiedergutzumachender Fehler unterlaufen. Was für ihn wiederum schlimm war, weil er sich ebenfalls – wie ich – seit frühester Kindheit antrainiert hat, alles richtig zu machen. Wir standen also beide in den Startlöchern, vor lauter Opfertum so richtig die Besinnung zu verlieren. Um Schlimmeres zu verhindern, traute ich mich mal was und vertrat mich selbst: »Äh … Warum willst du nicht, dass ich mit zu den Ponys komme?«

»Hä?«, fragte Marcus.

Und ich so ruhig wie möglich, obwohl es höllisch peinlich war: »Damit du dich freier bewegen kannst?«

»Hä?«, fragte Marcus wieder. »Wie kommst du denn darauf?«

»Weil du gesagt hast, dass ich nicht mitkommen darf.«

»Aber ich wollte dir die Kinder abnehmen, damit du in Ruhe die Lasagne machen kannst.«

»Okay«, sagte ich. »Danke.«

Ich muss sagen, dass dieser kurze Dialog so ziemlich der aufwühlendste in meinem Leben war. Aber auch der heilsamste. Inzwischen bin ich dazu übergegangen, wann immer Marcus bei mir einen wunden Punkt erwischt, zu fragen: »Warum darf ich nicht mit zu den Ponys kommen?« Das zeigt ihm, dass ich gerade etwas neben mir stehe und dass er alles, was ich jetzt sagen oder tun werde, nicht persönlich nehmen muss, sondern ich dabei bin, mit meiner Vergangenheit als Opfer aufzuräumen.

IST DAS NICHT WAHNSINNIG ANSTRENGEND?

Marcus erzählt davon,
was im Familienleben am meisten
Kraft kostet.

Seitdem Alexa und ich uns getroffen haben, führe ich in meinem Handy einen Kalender nur für uns. Wann immer etwas Besonderes in unserem Leben passiert, trage ich es dort ein und lasse mich jedes Jahr wieder daran erinnern. Es ist, als würde ich eine Nachricht in die Zukunft schießen. Oder eine aus der Vergangenheit empfangen.

Heute morgen blinkte in dem Kalender ein Eintrag auf, den ich auf den Tag genau vor sechs Jahren gemacht hatte. Damals wohnten Alexa und ich erst ein paar Monate zusammen. Der Eintrag heißt: »Ein ganz normaler Tag«, und das beschreibt er dann auch.

»Am Morgen fahren wir zusammen auf eine Lesung. Später ruft die Schule an, weil Lilly sich in der Chemiestunde ihren letzten Milchzahn gezogen hat und nun nach Hause will. Nachmittags gehen wir in meine alte Wohnung, die ich streichen muss, um einen Nachmieter zu finden. Abends fahren wir schnell zum See, wo Rasmus wie ein Wilder taucht. Danach müssen wir mit ihm wegen starker Ohrenschmerzen ins Krankenhaus. Es ist zum Glück nur Wasser im Mittelohr und keine Entzündung. Abends müssten wir beide eigentlich noch arbeiten.
Aber uns fallen die Augen zu.
Unser Baby kommt in sieben Monaten.«

Ich las das und sah Alexa und mich sofort wieder an unserem großen Tisch im Wohnzimmer sitzen, wie wir jedes Detail dieses glänzenden Tages noch einmal füreinander aufriefen. Gleichzeitig fiel mir wieder ein, wie müde ich in dieser ersten Zeit oft war. Ich war manchmal wahnsinnig müde, was ich mir damit erklärte, dass ich mehr zu tun hatte, aber weniger schlief als früher. Das war eine ganz einfache Rechenaufgabe.

Ich stand morgens eher auf, weil ich auf einmal mit zwei Kindern lebte, die in die Schule mussten und denen Alexa und ich morgens Brote machten. Ich fiel abends später ins Bett, weil Alexa und ich immer noch bis in die Nacht zusammensaßen und uns den vergangenen Tag und unser bisheriges Leben erzählten. Dazwischen erledigte ich meine Arbeit, die nicht weniger geworden war, nur weil ich eine Familie hatte. Aber weil ich nun eine hatte, kamen auch noch Einkaufen, Kochen und bei den Hausaufgaben helfen dazu. Brachte ich Rasmus abends ins Bett, war ich schon so fertig, dass ich beim Vorlesen wegdämmerte. Saß ich danach mit Alexa zusammen, fielen mir wieder die Augen zu. Damals entwickelte ich eine Technik, bei der mein Mund weiterredete, während mein Gehirn sich bereits abgeschaltet hatte, was für Alexa immer einigermaßen verwirrend war, weil sich in meinen Text plötzlich Sätze aus Anrufen mischten, die ich erst am nächsten Tag im Büro führen wollte. Wie jeder, der die Aufgabe lösen muss, dass er weniger Zeit, aber mehr zu tun hat, versuchte ich mehrere Dinge gleichzeitig zu machen, gleichzeitig zu denken, an mehreren Orten gleichzeitig zu sein.

Ich erinnere mich, wie ich an dem Tag, an dem Lilly ihr erstes Vorsingen in der Musikschule hatte, für die Arbeit verreisen musste. Es war ein wichtiger Termin, eigentlich waren es mehrere Termine, die ich auf ein paar Stunden zusammengedrückt hatte. Aber wenn der Zug keine Verspätung hatte, ich immer sofort ein Taxi fand und meine Gesprächspartner sich kurz fassten, konnte ich noch rechtzeitig zum Vorsingen zurück sein. Ich hatte es Lilly versprochen. Ich lebte ja jetzt mit Menschen, die sich auf mich verließen, etwas von mir erwarteten, sich etwas erhofften und die ich nicht enttäuschen wollte.

Anfangs lief auch alles wie am Schnürchen. Ich hatte zwar auf der Hinfahrt im Zug nicht schlafen können, weil ich die Interviews vorbereiten musste, wozu ich abends nicht mehr gekommen war, weil Rasmus und ich ein Plakat über sein Lieblingsbuch für die Schule gebastelt hatten. Ich hatte, obwohl ich jeden Kaffee, der mir auf meinen Terminen angeboten wurde, auch getrunken habe, ein paar Anfälle von Sekundenschlaf gehabt und konnte schon beim Aufschreiben meine Notizen kaum noch lesen. Außerdem hatte ich die armen Leute förmlich durch die Interviews gejagt und das letzte Gespräch beendet, indem ich mitten im Satz aufgestanden war. Aber das spielte jetzt alles keine Rolle mehr. Ich war pünktlich am Bahnhof. Ich würde pünktlich beim Vorsingen sein. Der Zug musste jede Minute kommen. Ich setzte mich auf eine Bank.

Das Nächste, woran ich mich erinnere, ist ein leerer Bahnsteig.

Und dass ein anderer Zug auf der Anzeige stand.

Ich sprang auf, suchte einen Schaffner, fragte Leute, keiner wusste, wo mein Zug war. Ich rannte zur Information. Die Frau war sehr freundlich.

»Ihr Zug ist schon abgefahren«, sagte sie. »Vor einer Stunde.«

Ich war so fassungslos, dass ich kaum sprechen konnte. Als Alexa anrief und fragte, ob ich es denn rechtzeitig zum Vorsingen schaffe, stotterte ich herum, als sei ich gerade überfallen worden.

»Ich weiß nicht, was passiert ist«, sagte ich.

»Ist doch nicht so schlimm«, sagte Alexa.

»Aber mir fehlt ein ganzes Stück Zeit.«

Ich dachte, ich könne unser Leben nicht mehr lange durchhalten, wenn sich nicht bald etwas ändert. Aber wie viele Familien waren natürlich auch wir an Abläufe gebunden, denen wir uns gar nicht entziehen konnten. Was sollte sich da ändern?

»Nimm doch mal Kreislauftropfen, wenn du so müde bist«, sagte Alexa.

»Ich brauche keine Tropfen«, sagte ich. »Ich brauche mal eine halbe Stunde nur für mich.«

Diese halbe Stunde war eine Zeitlang ein feststehender Begriff zwischen uns. Alexa hat sie mir immer wieder angeboten, aber ich habe sie nie angenommen. Ich wollte für mich keine halbe Stunde Pause, während Alexa keine für sich brauchte. Ich wusste auch nicht, was ich mit einer halben Stunde hätte anfangen sollen, danach wäre ich ja genauso müde gewesen wie vorher. Eigentlich ging es mir auch nicht um eine halbe Stunde. Ich wusste doch selbst, dass unser Leben manchmal anstrengend war, das fand ich nicht schlimm, im Gegenteil, ich war stolz darauf, was wir alles hinbekamen. Ich wollte nur, dass mich das nicht mehr so viel Kraft kostete.

Als Nelson, unser erstes gemeinsames Kind, geboren worden war, brachte ich ihn abends immer ins Bett. Es ist schon nicht leicht, ein Baby zum Einschlafen zu bringen, aber wenn man nebenbei auch noch an andere Sachen denkt, ist es unmöglich. Ich gab Nelson die Flasche, ich sang, ich hielt seine Hand. Er gluckste die ganze Zeit. Ich nahm ihn auf den Arm und lief mit ihm herum und dachte immer schon daran, was ich tun würde, wenn ich hier fertig war: Arbeiten, Essen, Telefonieren, Organisieren, selber Schlafen. Die Ruhe, die meinem Kind fehlte, war die Ruhe, die ich ihm nicht geben konnte, weil ich sie selbst nicht hatte. Ich hatte nur Gedanken im Kopf. Ich war wie elektrisiert und damit brachte ich das Kind zum Sirren statt zum Schlafen.

»Du musst dir vorstellen, du bist das Meer«, sagte Alexa, »und er schläft auf einer Luftmatratze auf deinen Wellen.«

Und so wurde ich das Meer, still und tief. Einfach nur da. Auf einmal hatte ich meine halbe Stunde. In Ruhe.

GEHEN SIE WEG VOM BABY!

Alexa erzählt davon,
dass die eigenen Eltern mindestens so unschuldig sind wie Babys.

Als ich mit Ende zwanzig mit Rasmus schwanger war, kaufte ich mir ein paar Schwangerschaftsbücher. Ich wollte mich auf die Zeit als Mutter bestens vorbereiten. Außerdem hatte ich Lust, ein bisschen zu schwelgen, mir die süßen Babyfotos anzusehen und mich gleichzeitig damit zu trösten, dass alle werdenden Muttis einen riesigen Bauch mit sich herumtragen. Ich blätterte die hübsch gestalteten Bücher durch und vergaß das Meiste leider sofort wieder. Aber an einen Satz kann ich mich bis heute erinnern. Er war von einer solchen Weisheit und Tiefgründigkeit, dass ich sagen möchte: Eigentlich gehört er auf die Tafel mit den Zehn Geboten. Er lautete: »Gehen Sie weg vom Baby!«

In dem entsprechenden Kapitel ging es darum, dass es mit dem Neugeborenen auch mal anstrengend werden kann. Dass das Baby unter Umständen mehr schreit, als die »frischgebackene Mama« ertragen kann. Dass der »frischgebackenen Mama« womöglich schon ziemlich bald die Nerven blank liegen, dass sie furchtbar erschöpft sein wird, dass sie sich alleine fühlt, dass sie ihren Körper als unförmig empfindet, dass das Stillen zum Martyrium wird, dass sie es nicht mehr schafft zu duschen, dass sie unterzuckert sein und ganz im Dienste des neuen Erdenbürgers stehen wird. Und dass ihr das Babyschreien eventuell den Rest geben könnte. Und in diesem Fall lautete der Rat: »Gehen Sie weg vom Baby!« Es wurde geraten, sich keinesfalls am arglosen Säugling zu vergreifen, sondern unverzüglich ein Sofakissen zu nehmen. »Dreschen Sie damit aufs Sofa ein. Versuchen Sie, es mit bloßen Händen zu zerfetzen, oder aber beißen Sie kräftig hinein. Bis die Wut nachlässt.« Aber: »Gehen Sie weg vom Baby!«

Nun ist es ja bekanntlich so, dass einem nicht nur Neugeborene mit ihrem markerschütternden Geschrei an die Substanz gehen können; sondern auch die Kollegen, die Nachbarn, der Partner, die beste Freundin oder aber die eigenen Eltern.

Ich liebe meinen Vater. Ich liebe ihn über alles und ich würde sagen, seitdem ich auf der Welt bin, haben wir eine besondere und überaus innige Vater-Tochter-Verbindung. Solange mein Vater nicht anfängt, seinen Pragmatismus an mir auszuagieren. Das ist wirklich der einzige Punkt, an dem mein Vater mich kriegen kann und auch nach über dreißig Jahren nicht so recht wahrhaben will, dass ich für derartige Aufräumarbeiten nicht zu begeistern bin. Um genau zu sein, seit meiner Pubertät. Schon damals war es für meinen Vater nicht von Bedeutung, dass ich es zum Beispiel bitte nicht mochte, wenn er in meinem Zimmer schnurstracks zum Regal marschierte und meine Toilettenartikel neu sortierte. Er hat einfach nicht verstanden, dass das ab einem bestimmten Alter nicht mehr gemacht wird. Obwohl ich es ihm immer wieder erklärt habe: »Ich will nicht, dass du an mein Regal gehst!« Aber mein Vater hat einfach nicht auf mich gehört.

Es kam zu ziemlich heftigen Abwehrreaktionen, die von meiner Seite zum Teil in autoaggressiven Notwehrhandlungen mündeten. Als Teenager fällt einem da ja so einiges ein. Aber ich denke, dass das Verhalten meines Vaters auch etwas mit der damaligen Zeit zu tun hatte. Das »gläserne Kind«, das keine Privatsphäre hat, war in den Siebzigern groß in Mode, und alle aufgeklärten Eltern wollten es besser oder anders machen als ihre eigenen, noch recht zugeknöpften Eltern. »Prüde« oder »konventionell« zu sein, war das Schlimmste, was einem seinerzeit vorgeworfen werden konnte. Und meine Eltern fanden ziemlich viele Leute unglaublich prüde oder konventionell. Weswegen bei uns im Dänemarkurlaub – wider die Strandverordnung – exzessiv nackt herumgelaufen wurde. Wie auch immer. Die Sache mit dem »gläsernen Kind« war nichts für mich. Daher durchzuckt es mich noch heute, wenn mein Vater plötzlich mit unserem Matratzenbezug aus unserem Schlafzimmer kommt und fürsorglich meint: »Ich habe mir den mal angeguckt. Der ist ja schon etwas oll. Der muss mal gewaschen werden.«

»Gehen Sie weg vom Baby!« Dieser Satz hilft, mir augenblicklich darüber bewusst zu werden, dass ich gerade drauf und dran bin, mich vor lauter Scham auszuagieren. »Gehen Sie weg vom Baby!« stoppt mich, kurz bevor ich zu einem Haufen konditionierter Reflexe werde und – wie in guten alten Zeiten – die wildgewordene Fünfzehnjährige in mir rauslasse. So, als hätte ich heute, mit Anfang vierzig, keine andere Wahl, als meinen Vater wegen einer unbedachten, harmlosen Grenzüberschreitung anzugreifen.

»Gehen Sie weg vom Baby!« Warum sollte dieser gutgemeinte Ratschlag nur für Neugeborene gelten? Weil sie arglos sind? Weil sie garantiert keine üblen Spielchen mit uns spielen? Weil sie gar nicht beabsichtigen, uns zu nerven? Weil sie die einzigen Lebewesen auf der Welt sind, die uns nicht mit Vorsatz zur Weißglut bringen wollen? Ich breche eine Lanze für alle Babys dieser Welt, dass sie dies bestimmt nicht vorhaben. Aber auch für meinen Vater. Nichts läge ihm ferner, als in mir bewusst noch einmal pubertäre Scham-Gefühle auszulösen. Wie gesagt: An dieser speziellen »Antikonventions«-Stelle hat er einen blinden Fleck. Genau wie unsere Nachbarin uns nicht stressen will, wenn sie uns den lieben langen Tag mit den besten Hits der 70er und 80er beschallt, wodurch wir die Vögel in den Bäumen kaum noch zwitschern hören.

Kein Marktforschungsinstitut ruft zur denkbar ungünstigsten Zeit des Tages an, um uns vorsätzlich an den Rand zu bringen. Warum also alles, was unvorhergesehen an unseren Nerven sägt, als Respektlosigkeit oder persönlichen Angriff sehen, auf den wir mit einem alles vernichtenden Gegenschlag reagieren müssen?

»Gehen Sie weg vom Baby!« ist für mich zum Symbol der Selbstbeobachtung geworden. Ich sage mir diesen Schlüsselsatz im Stillen, wenn Marcus wieder mal auf den Windschutzscheibenreinigerknopf drückt, während ich gerade noch beim Einsteigen bin und die volle Ladung Frostschutzmittel abbekomme.

»Gehen Sie weg vom Baby!« hilft mir, in allen – vor allen Dingen aber in meinem geliebten Vater – die Unschuld des Babys zu sehen. Die Lieblichkeit. Die Reinheit und die Liebe, die uns beide, seit ich auf der Welt bin, miteinander verbindet.

WENN EINER STIRBT

Marcus erzählt davon,

dass man den Tod nicht ohne den lieben Gott erklären kann.

Vor ein paar Tagen ist ein Vogel gegen unsere Terrassentür geflogen. Emmi und Nelson spielten gerade auf dem Fußboden mit ihrem Bauernhof, als es krachte. Eigentlich war es eher ein dumpfer Schlag. Sofort liefen alle zur Tür und sahen den Vogel auf der Terrasse hocken. Ein Buchfink. Er zitterte und hatte sein Köpfchen unter den Flügel geklemmt. Der andere Flügel stand komisch ab. Es war ein furchtbares Bild. Die Kinder waren ganz aufgeregt.

»Was ist mit ihm?« – »Er hat ein Aua!« – »Der arme Vogel!« – »Wir müssen ins Krankenhaus!« – »Mama!« – »Papa!« – »Doktor Braunbär! Doktor Braunbär!«

Doktor Braunbär ist der Arzt in einer Trickfilmserie.

Vorsichtig öffnete ich die Terrassentür und nahm den Vogel hoch, weil ich nicht wollte, dass die Kinder sehen, was passiert, wenn die Nachbarskatze vorbeikommt, die sie bisher für eine liebe Miez hielten. Der Vogel schien benommen zu sein. Er wehrte sich nicht, als ich ihn mir in die Hand legte und ins Haus trug. Die Kinder zogen an mir, sie wollten den Vogel anfassen, aber als ich sagte, dass es ihm nicht gut geht, schwärmten die Beiden aus und kamen mit einer kleinen Puppendecke und der Rassel zurück, mit der wir sonst das Baby beruhigen.

»Was meinst du, was mit ihm ist?«, fragte Alexa.

»Ich weiß nicht«, sagte ich. »Vielleicht erholt er sich ja wieder.«

»Wie denn erholt?«, fragte Nelson immer wieder.

Wir polsterten eine Müslischüssel mit der Puppendecke, legten den Vogel hinein und setzten uns drum herum. Die Kinder waren jetzt so beeindruckt, dass sie den Vogel nicht einmal mehr berühren wollten. Sie beobachteten ihn einfach nur. In dem Moment durchzuckte es den kleinen Körper. Der Vogel riss den Schnabel auf, atmete zweimal schwer und dann war er tot. Er sah eigentlich nicht anders aus als noch gerade eben. Er wirkte nur etwas kleiner.

»Ist er jetzt tot?«, fragte Nelson.

Alexa und ich sahen uns an. Es lag uns beiden auf der Zunge, zu sagen, ja, mein Schatz, leider. Aber was sollten wir dann auf all die naheliegenden Fragen antworten, die sich aus der so schlichten wie welterschütternden Tatsache ergaben, dass einer tot war?

Nelson ist vier Jahre alt, Emmi ist zwei. Sie verstehen schon viel, solange man es ihnen gut erklärt. Um den Tod aber hatten wir bisher immer einen Bogen gemacht. Irgendwie hatten wir den Einstieg in das Thema verpasst.

Es hatte damit angefangen, dass Nelson beim Abendbrot wissen wollte, wie das heißt, was er da isst. Es schmeckt so gut. Das ist Chicken, antworteten wir. Wir konnten ihm einfach nicht die Wahrheit sagen, noch nicht. Er liebte Tiere. Er hätte kein Fleisch gegessen, wenn er gewusst hätte, dass es Huhn ist. Aber er aß ja kein Huhn. Er aß Chicken.

Also erklärten wir ihm nicht, dass Menschen Tiere halten, um sie zu essen, dass es Orte gibt, an denen sie getötet und zu Wurst verarbeitet werden. Es kam uns ja selbst plötzlich unsagbar brutal vor. Wir verrieten ihm auch nicht, wovon sich Fuchs und Löwe ernähren und was der Wolf mit den sieben Geißlein macht. Entdeckte Nelson auf der Autobahn einen Tiertransporter, behaupteten wir, dass die Schweine damit in einen anderen Bauernhof gefahren werden. Sahen wir eine Afrika-Dokumentation auf dem Computer an, spulten wir vor, wenn die Szene mit der Antilope und dem Geparden kam. Bei uns spielte die Katze nur mit der Maus und der Jäger war ein Mann, der die Tiere netterweise mit seinem Gewehr beschützte. Solange die kleinen Kinder im Raum waren, wurde bei uns – und damit auf der ganzen Welt – nicht gefressen, nicht gestorben und nicht getötet. Und offenbar sind wir da keine Ausnahme.

Bei Freunden von uns durfte nicht über den Tod gesprochen werden, seit ihr fünfjähriger Sohn ein Plakat dieser Ausstellung mit den plastinierten Leichen gesehen und davon Alpträume bekommen hatte. Hatte es einen Flugzeugabsturz gegeben, jemand einen Herzinfarkt bekommen oder war sonst etwas Schreckliches auf der Welt passiert und wir unterhielten uns darüber, wurde das Gespräch abgebrochen, sobald der Junge den Raum betrat. Stumme Erwachsene, die normal tun – das machte ihn natürlich erst recht neugierig. Ich hatte als Kind auch geglaubt, dass es so etwas wie das geheime Wissen der Erwachsenen gibt. Also setzte sich der Junge zu uns und fragte, worüber wir gerade geredet haben. Und egal, ob wir sagten: »Über nichts, wieso?«, oder versuchten, ihm die Wahrheit kindgerecht zu beschönigen, von da an hörte er nicht mehr auf zu fragen. Auf der einen Seite bestätigte das seine Eltern, dass der Tod auf ihr Kind eine unnatürliche Anziehung hatte. Andererseits konnten sie mit ihm keine Kirche besichtigen, weil er aus Angst vor dem Friedhof fast durchdrehte.

Der Tod ließ sich nicht verheimlichen, wollte man keinen Dämon aus ihm machen. Das war offensichtlich, sagte sich aber leicht, solange er nicht in eine Puppendecke gewickelt in der eigenen Müslischüssel hockte.

»Papa!«, sagte Nelson. »Ist der Vogel jetzt tot?«

Mir war klar, dass ihn ein Ja auf einen Schlag aus der Kinderwelt geworfen hätte, in der es kein Leid, kein Sterben, keine Vergänglichkeit gab, hinein in die Wirklichkeit. Aber genau darum zögerte ich.

»Ja, mein Schatz«, sagte Alexa. »Er ist tot.«

»Und was ist jetzt mit ihm?«

»Er ist beim lieben Gott.«

»Beim lieben Gott?«

Unser Sohn war überrascht. Von einem lieben Gott hatte er noch nie gehört.

Ich bin nicht getauft. Meine Eltern haben nicht einmal kirchlich geheiratet. In meiner Kindheit spielte Religion keine Rolle. Ich hatte Staatsbürgerkunde in der Schule. Christen waren für mich Leute, die sich nicht wehren wollten, wenn sie verhauen wurden. An Gott glaubten nur die Anderen. Aber dann hatten Alexa und ich eine Fehlgeburt und verloren unser Baby im dritten Monat. Da tröstete mich Alexa mit dem Gedanken, dass es einen Himmel gibt und jemand, der zu uns kommen wollte, vielleicht nicht bleiben konnte, aber auch nicht für immer weg war. Wir haben viel geweint und für unser Baby in einer Kirche eine Kerze aufgestellt. Danach war ich bereit anzunehmen, dass hinter allen Dingen etwas stand, das mit Naturwissenschaft allein nicht zu erfassen war. Aber es blieb doch ein abstrakter Gedanke. Gott war etwas für Erwachsene, nicht für Kinder.

»Lieber Gott?«, fragte Nelson leicht schrill. »Wer soll denn das sein?«

»Das ist der, der euch zu uns geschickt hat«, sagte Alexa.

»Und was ist mit seiner Mama?«

Und dann diskutierten sie es durch, die ganzen Fragen.

Woher wir kommen. Wohin wir gehen. Ob es im Himmel Spielzeug gibt. Wie wir uns denn finden, wenn wir irgendwann alle wieder dort sind. Alexa erzählte Nelson alles, die ganze Geschichte, wie ihre Eltern sie ihr erzählt hatten, und ich hörte zu.

Als wir den toten Buchfink später in einer Ecke des Gartens vergruben, kam nur Nelson mit. Emmi spielte da schon wieder mit dem Bauernhof. Aber mein Sohn wollte es irgendwie zu Ende bringen und es war ihm leichter, seit er wusste, dass das, was dieser kleine Vogel im Herzen gewesen war, nicht begraben werden konnte. Auch wenn Nelson das Wort Wesen vielleicht noch nicht verstand.

Ein paar Tage darauf empfing uns unsere Kindergärtnerin beim Abholen mit der Nachricht, dass sich die Gruppe heute darüber unterhalten habe, woher die Babys kommen. Offenbar war es bei allen Kindern mehr oder weniger darauf hinausgelaufen, dass Mama und Papa sich sehr lieb haben mussten.

Nelson hatte gesagt: »Der liebe Gott strahlt Licht in den Bauch hinein.«

Die Kindergärtnerin war so glücklich über diesen Satz, dass sie ihn sich auf einen Zettel notiert hatte, um ihn nicht zu vergessen. Für uns hatte sie eine Kopie gemacht. Wir waren gerührt. Aber da war noch etwas anderes an der Sache und auf der Heimfahrt im Auto dache ich immer noch darüber nach. Mein Sohn, der in seinem Kindersitz jetzt die Steine sortierte, die er aus dem Kindergarten mitgenommen hatte, schien in diesem sonderbaren Gott etwas erkannt zu haben, das ihn abhob von Figuren wie dem Osterhasen oder dem Weihnachtsmann. Er hatte ihn mit etwas verbunden, das aus diesem kleinen toten Vogel entschwunden war und doch nicht weg. Dieses Unfassbare und doch Raumfüllende, das eine ewige Leben.

EIN LEITFADEN FÜRS LEBEN

Alexa erzählt davon, dass auch Eltern von ihren Kindern lernen.

Obwohl ich schon seit über siebzehn Jahren Mutter bin, kann ich es teilweise immer noch nicht fassen. Speziell, wenn ich mit meinen Freundinnen darüber rede, was bei unseren Kindern gerade wieder los ist. Was wir zu organisieren haben. Welche Beobachtungen wir machen. Welche Rückschlüsse wir ziehen. Was wir planen. Manchmal kriegen wir spontan Lachanfälle über die Tatsache, dass wir, die wir selbst gerade noch schräge Aktionen gebracht haben – meine Freundin Silke hat als Siebzehnjährige in Indien mit der Kreditkarte ihres Vaters Rubine aus Glas gekauft, im Glauben ein Schnäppchen zu machen –, plötzlich Kinder erziehen sollen. Dass wir jetzt tatsächlich »die« Erwachsenen sind, die eigenständig entscheiden, was wir als richtig, wichtig und gut erachten. Wir aufgrund unserer eigenen Erfahrungen versuchen, unsere Kinder vor dem Schlimmsten zu bewahren. Dass wir diejenigen sind, die unsere Familien zusammenhalten.

So, wie meine Eltern damals.

Als Kind kam es mir so vor, als hätten meine Eltern den einen, ultimativen Leitfaden fürs richtige Leben gelesen. All das, was sie meinen Geschwistern und mir zeigten und erklärten, geschah, meinem Eindruck nach, aus totaler Überzeugung, das Richtige zu tun. Sie waren es, die mir sagten, wer ich war und wohin ich gehörte. Sie waren die Mittler zwischen dem allwissenden Gott und mir. Genau genommen waren sie für mich beinahe so mächtig wie Gott. Ich lernte von meinen Eltern, was gut und was schlecht war. Ich lernte, was gefährlich und ungefährlich war …

Ich lernte, immer die Wahrheit zu sagen.

Ich lernte, dass Menschen freundlich miteinander umgehen sollen. Respektvoll. Voller Achtung. Anerkennung. Großzügigkeit. Verständnis. Wärme. Geduld. Aber auch Vorsicht.

Als mein Vater uns eines Abends sagte, dass gerade keine Aufträge mehr reinkommen, meine Schwester einen schlimmen Fahrradunfall hatte und meine Mutter plötzlich eine Massagepraxis eröffnen wollte, erkannte ich, dass das Leben eine einzige Herausforderung ist.

Ich sollte dankbar sein für das Schöne. Für die Stille. Das Licht und den Frieden.

Ich begriff, dass es Abhängigkeit und Unabhängigkeit gab. Ich lernte, wer Jesus Christus war und auch Gott. Vor dem Einschlafen las mein Vater meiner Schwester und mir Hänsel und Gretel vor und ich hörte, dass man Kinder verderben konnte, wenn man sie in den staatlichen Kindergarten schickte, weil die Erzieherinnen garantiert nicht mit der gleichen Herzenswärme und nach exakt den Idealen meiner Eltern erzogen.

Mir wurde vermittelt, dass Selbstzerstörung in der Pubertät ein ernstzunehmender wie besorgniserregender Drang war, der nicht nur bei großen Künstlern mit einem Klinikaufenthalt endete. Ich bekam mit, dass es kluge Menschen gab, und welche, die gar nichts wussten. Ich lernte, mir richtig die Hände zu waschen und dass Bio-Essen gut für mich und die Welt war. Ich erfuhr, dass klassische Musik förderlich für die geistige Entwicklung ist und Popmusik zur Verdummung der Jugend beiträgt. Bücher bedeuten Befreiung. *Barbie*-Puppen verderben den Charakter. Atomkraft darf nicht sein.

Meine Mutter erklärte uns, dass Frauen es in unserer Gesellschaft – oder überhaupt auf der ganzen Welt – um Einiges schwerer haben als »die« Männer.

Fernsehen schadet der kindlichen Seele.

Ich lernte, dass Liebe in vielen Fällen weh tut, dass ich mich vor Verletzungen schützen muss. Und Männer erst nachts aus dem Büro nach Hause kommen.

Ich verstand, dass die Ordnung in meinem Zimmer etwas über das Chaos in meinem Kopf aussagt und dass ich hilfsbereit sein soll. Umweltschutz geht vor. Keine Plastiktüten! Ich lernte, dass das, was andere Menschen tun, einem oft fremd erscheint, da sie es eben anders tun als man selbst: Reden, den Tisch decken, Lieben, Denken oder Kinder erziehen.

Moderne Kunst ist die Königsdisziplin und freies Denken lebenswichtig. Basteln macht Spaß. Sorgfalt wohnt eine ganz eigene Schönheit inne. Kinder sind unschuldig und brauchen die Aufmerksamkeit ihrer Eltern. Begabungen werden immer gefördert.

Ich beobachtete, dass es nicht angenehm war, wenn der Ehemann bei Stehpartys im Nachbarhaus über die eigene Ehefrau Witze reißt, um die Umstehenden zu amüsieren. Ich erkannte, dass man als Ehemann leidet, wenn die Ehefrau sich bei ihrer besten Freundin über einen beklagt, anstatt direkt mit einem zu sprechen.

Es war verstörend, wenn der Ehemann jeden Sonntag zwei Stunden zu spät aus dem Bastelkeller heraufkam, während seine ganze Familie am Mittagstisch saß und wartete. Es schien, als würde eine Frau an diesem Verhalten nie etwas ändern können. Ich bekam vermittelt, dass eine Beziehung statisch ist und Männer sich nicht entwickeln.

Mir wurde beigebracht, dass man gekochtes Essen erst abkühlen lässt, bevor man es in den Kühlschrank stellt, und dass man den Griesbrei nicht mit einem angeleckten Löffel probiert, weil er sonst verdirbt. Zum Geburtstag gab es einen Topfkuchen, alle freuten sich, dass ich geboren worden war, meine Familie ließ mich hochleben und ich blies die Kerzen aus.

Ich lernte aufmerksam zuzuhören und dass Autofahrten in den meisten Fällen tödlich enden. Ich erfuhr, dass man sich selbst erhöhen kann, indem man andere Menschen für fehlerhaft erklärt, und ich befürchtete, dass es für mich kaum möglich sein wird, einen so vollkommene Menschen wie meine Mutter oder meinen Vater zu finden.

Es hat lange gedauert, bis ich Schicht um Schicht all die Prägungen aus meiner Kindheit überhaupt als Prägungen erkannt habe. Es sind keine in Stein gemeißelten Naturgesetze, sondern individuelle Ansichten und Glaubenssätze, die ich von meinen Eltern mitbekommen habe, die immer ihr Bestes geben wollten, die immer ihr Bestes gegeben haben und es genau so gut konnten, wie sie es damals vermochten und überblickten. Je mehr ich selbst erlebt habe, je mehr Menschen ich begegnet bin, desto mehr gab ich mir Mühe all das, was ich von zu Hause als wichtig mitbekommen habe, einerseits loszulassen, andererseits zu verteidigen.

Ich musste mich mit vielen mir nahestehenden Menschen auseinandersetzen, mich trennen, ich wurde verlassen, verletzt und ich habe verletzt. Aus jugendlicher Überheblichkeit habe ich nicht wertgeschätzt und verurteilt. Ich wurde verurteilt und nicht verstanden. Ich wollte anderen nahe sein, indem alle so sein sollten wie ich. Bis ich endlich verstand, dass ich – Alexa – nicht verschwinde, wenn ich auch andere Lebensweisen gelten lasse. Zuerst kam mir dieses Gehenlassen wie ein Verrat an meinen Eltern und ihrer Kultur vor. Als würde ich etwas in den Wind schießen, wofür sie so viel Lebenszeit, Mühe und Konzentration aufgebracht hatten. Ich hatte Angst, dass wir uns im Laufe der Zeit immer fremder werden würden, je mehr ich mich von ihren Vorgaben entfernte. Gleichzeitig wollte ich doch ein völlig neues Leben entdecken und führen. Auch, um meinen Eltern zu zeigen, dass es anders gewaltiger und noch freier geht.

Als Kind wuchs ich in meiner Familie auf und dachte, so ist die Welt. So bin ich! Als junge Erwachsene merkte ich irgendwann: So ist es doch nur bei uns gewesen. So bin ich, weil ich in dieser Familie großgeworden bin. Nur um jetzt, wo ich selbst eine Familie habe, sie für meine eigenen Kinder wieder zu unserer Welt zu machen. So offen wie möglich.

Wenn ich heute zurückblicke, erkenne ich, dass unter all dem, was meine Eltern mir, meinem kleinen Bruder, meiner großen Schwester an Idealen mitgegeben haben, noch etwas anderes mitschwang. Etwas viel Größeres, Wunderbares. Durch ihre Begeisterung, ihre Freude und Liebe haben meine Mutter und mein Vater uns Kindern beigebracht, offen zu sein für alles Neue. Die Schönheit in den Dingen zu sehen, dass alle Menschen gleich sind und dass man sich immer auch von einer anderen Sicht- und Denkweise überzeugen lassen kann. Dass das Leben heilig ist. Und dass nicht alles ist, wie es scheint. Vielleicht habe ich das damals schon geahnt, als meine Mutter mich vor fünfundzwanzig Jahren plötzlich an der Bushaltestelle bat, ihr auch eine Zigarette zu drehen. An diesem Tag war sie nicht mehr nur meine Mutter, sondern eine Frau, die jetzt etwas Aufregendes tun wollte, eine Frau, die für einen Moment so sein wollte, wie ich es zu diesem Zeitpunkt war: im Aufbruch.

Das, was wir erwachsenen Kinder unseren Eltern hoffentlich zurückgeben können, ist das, was wir gleichzeitig auch unseren Kindern mitgeben: Neue Erkenntnisse. Mehr Klarheit. Noch mehr Freiheit.

So, wie meine Eltern mir während der letzten dreiundvierzig Jahre gezeigt haben, dass eine Ehe eben nicht statisch ist, sondern dass sich Männer und Frauen in einer Partnerschaft, in ihren Familien weiterentwickeln. Dass Treue wunderschön ist. Dass Liebe nicht wehtut, sondern vollbringt. Über beinahe fünf Jahrzehnte haben meine Mutter und mein Vater sich immer mehr angenähert, bis hin zu einer fraglosen Gleichberechtigung, in der Rollenbilder, Arbeitswut und ungeklärte Auseinandersetzungen keine Frage mehr sind.

Mein Vater trägt noch immer Kinder auf seinen Schultern. Vielleicht weniger kraftvoll als früher. Doch sein Wille, in Frieden und Verbundenheit zu sein, ist mit zunehmendem Alter gewachsen. Längst ist er bereit anzuerkennen, dass Kinder einen Sinn für Ästhetik entwickeln, auch wenn sie zum Frühstück Cornflakes und das Käsebrot nicht mit Messer und Gabel essen.

Heute gibt es wohl kaum zwei Menschen, die so an meinem Leben Anteil nehmen wie meine Eltern. Aber nicht, um einfach nur dabei zu sein oder damit der Kontakt nicht abreißt. Sondern um von mir, von Marcus und unseren Kindern Familie zu erfahren. Meine Mutter und mein Vater wollen wissen, wie wir Eltern sind. Was uns wichtig ist. Wie wir erziehen. Was wir sein lassen. Sie freuen sich daran, dass man der Welt auch anders begegnen kann, als sie es früher taten, dass man als Paar auch etwas anders zusammenleben und Kinder auch etwas anders großziehen kann. Gleichzeitig zeigen sie uns, was wahre Gelassenheit im Umgang mit Heranwachsenden ist.

Meine Mutter hat mit Aaron Chips gegessen und Ausschlag davon bekommen. Meine Eltern haben mit Rasmus ferngesehen und gestaunt, wie anarchistisch, frei und fröhlich *SpongeBob* und sein bester Freund *Patrick Star* – der Seestern - miteinander umgehen und einem, wie mein Vater sagte, »den Kopf öffnen«.

Ich liebe meine Eltern.

IMMER NIE ALLEIN
Marcus erzählt davon,
warum das Leben
hundertzwanzig Jahre dauern soll.

Es ist jetzt sieben Jahre her. Es war unser dritter Abend. Alexa und ich saßen in demselben Restaurant, in dem wir uns schon das erste und zweite Mal getroffen hatten, als sie mich auf einmal fragte, wie alt ich werden wolle.

Ohne zu überlegen, sagte ich: »Fünfundsechzig.«

Ich dachte, sie kippt mir vom Stuhl.

»Warum nur so kurz?«, fragte sie.

Natürlich hatte ich da noch gar nicht verstanden, dass sie eigentlich wissen wollte, wie lange wir zusammenbleiben, wenn es denn für immer ist.

»Wieso?«, fragte ich. »Wie alt willst du denn werden?«

»Hundertzwanzig«, sagte sie. Auch ohne nachzudenken.

Das überraschte mich. So alt wurde doch keiner. Ich hatte gedacht, dass sie eine realistische Einschätzung hören will. Die Männer in meiner Familie wurden eben nie besonders alt. Erst heute, wo ich das schreibe, fällt mir auf, dass ich mein Lebensende damals in etwa dann kommen sah, wenn ich in Rente ging. Offenbar wollte ich leben, um zu arbeiten, und wenn ich damit durch war, wusste ich gar nicht, was ich anfangen sollte mit der ganzen Zeit. Urlaub machte man ja zwischendurch schon.

Vor ein paar Wochen liefen Alexa und ich bei einem Spaziergang an einem Haus vorbei. Die Kinder waren mit dem Rad ein Stück vorausgefahren, um Pferde zu streicheln. Das

Baby schlief im Wagen. Für einen kurzen Moment waren wir nur für uns.

Das Haus stand am Rand einer Weide. Es war sehr klein. Nicht mehr als die Urform eines Hauses. Dach, Wände, Fenster, Tür. Vermutlich gab es drinnen gerade Platz für einen Tisch, einen Herd und ein großes Bett. Ein Raum zum Kochen, Essen, Arbeiten, Schlafen und Leben. Alexa und ich sahen uns an, und wir wussten, dass wir in diesem Moment dasselbe dachten. Wenn irgendwann das letzte unserer Kinder ausgezogen ist, wenn es nur noch uns beide gibt, dann werden wir in so einem Haus leben.

Wir haben fünf Kinder. Natürlich sind wir nie allein. Wir stehen am Morgen mit unseren Kindern auf und gehen abends kurz nach ihnen ins Bett. Wir waren seit einem Jahr nicht mehr im Kino. Wir reservieren immer wieder Tische in Restaurants, aber dann sagen wir wieder ab, weil eins der Kinder krank ist, der Babysitter nicht kann, ein wichtiges Biologiereferat für die Schule vergessen wurde oder wir einfach zu müde sind. Natürlich bedauern wir das und nehmen uns vor, es bald wieder zu versuchen. Aber mehr auch nicht. Es ist einfach nur ein Abend, der anders lief, als wir geplant hatten.

Bevor wir in vier Jahren drei Kinder bekommen haben, saßen Alexa und ich morgens oft noch in einem Café zusammen. Die großen Kinder waren in der Schule und wir hatten noch eine gute halbe Stunde, bis jeder zur Arbeit musste. Diese halbe Stunde war für uns die wichtigste Zeit des Tages.

Das Café gibt es noch. Wir kommen jetzt immer daran vorbei, wenn wir die kleinen Kinder aus dem Kindergarten abholen. Manchmal setzen wir uns schnell noch für einen Kaffee hinein, und wenn wir das Baby nicht auf dem Schoß hätten, wäre es für einen Moment wie früher. Aber dann müssen wir los und schaffen es gar nicht mehr, unseren Kaffee auszutrinken. Trotzdem freuen wir uns, dass wir diesen einen Moment hatten. Manchmal stehen wir zusammen an der Kasse im Supermarkt, kommen von einem Elternabend, finden ein altes Urlaubsfoto im Handy, sitzen noch für einen Augenblick im Auto, obwohl der Motor schon aus ist – dann ist es genauso.

Natürlich kennen wir den Rat, dass sich ein Paar Zeit für sich nehmen soll, gerade wenn es Kinder hat. Freunde und Zeitschriften schlagen einem dann meistens ein Wochenende in einem Wellnesshotel vor. Wer würde es nicht schön finden, sich ab und an eine Auszeit von der Familie zu nehmen, um zu zweit wieder einmal richtig Paar zu sein? Aber was ist man dann in der Zwischenzeit? Entspringt denn nicht alles, was einen an Leben umgibt, eben genau daraus, dass man ein Paar ist?

Das heißt nicht, dass wir beide nicht gern einmal in Ruhe nur für uns einen Kaffee trinken wollen, abends ins Bett gehen, ohne dass das Baby aufwacht, einen Spaziergang machen, uns etwas anschauen, ohne dass einer ein Eis will oder auf die Toilette muss. Das heißt nicht, dass wir unser Leben nicht manchmal auch anstrengend finden, aber dann ist es eben anstrengend. Egal, wie oft wir am Tag denken, was ist jetzt wieder Lustiges passiert oder wo kommt dieses Problem schon wieder her – wir sind ein Paar, weil wir alles das gemeinsam erleben, gemeinsam lösen. Es gibt unser Leben nicht ohne uns. Hier wir als Paar und da die Familie. Hier wir und da der Alltag. So ist das doch nicht. Es gehört alles zusammen. Das sind alles wir. Letztlich gibt es nur zwei Dinge, derer wir uns sicher sind – das Leben dauert hundertzwanzig Jahre und wir lieben uns. Der Rest des Wunders ergibt sich von allein.

Bibliografische Information der Deutschen Nationalbibliothek
Die Deutsche Nationalbibliothek verzeichnet diese Publikation in der Deutschen Nationalbibliografie; detaillierte bibliografische Daten sind im Internet über https://portal.dnb.de abrufbar.

FSC www.fsc.org MIX Papier aus verantwortungsvollen Quellen FSC® C014496
Verlagsgruppe Random House FSC® N001967

1. Auflage

Umschlagmotiv: Gute Botschafter GmbH, Haltern am See
Druck und Bindung: GGP Media GmbH, Pößneck
Printed in Germany
ISBN 978-3-579-08949-2

www.gtvh.de